Mit Gott im Herzen

Dieses Buch ehrt eine ganz gewöhnliche Frau, die ein außergewöhnliches Leben führte.
Es zeigt ausgewählte Stationen aus Eileen Caddys Leben und Wirken, wie sie auch in ihrer bemerkenswerten Autobiographie *Flug in die innere Freiheit* näher beschrieben sind.

Mein besonderer Dank gebührt Eileen Caddy für ihre stete Führung, Inspiration und Freundschaft.
Ebenfalls möchte ich auch allen Freunden und Helfern, die an der Entstehung dieses Buches beteiligt waren, danken.

David Earl Platts
Knaphill, England

Zum Herausgeber

Dr. David Earl Platts ist Managementberater, Trainer, Autor mehrerer Bücher und Verleger. Er hat sich auf die Anwendung der Psychosynthese spezialisiert, einen ganzheitlichen Ansatz zum Wachstum und zur Entfaltung des Menschen. Als ehemaliges Mitglied der Findhorn-Gemeinschaft hat er seit 1978 mit Eileen Caddy zusammengearbeitet, Tonbänder und Bücher mit ihr herausgegeben und Workshops erarbeitet.

MIT GOTT IM HERZEN

Zu Ehren
und mit Weisungen
von Eileen Caddy

Herausgegeben von
David Earl Platts

Greuthof

Titel der englischen Originalausgabe
Divinely Ordinary Divinely Human

Mit Gott im Herzen

Einige Zitate wurden entnommen aus:
Worte des Lebens, Opal Verlag, D-86316 Friedberg,
Zentrum des Lichts, Arbor Verlag, D-79348 Freiamt.
Wir danken den Verlagen für die freundliche Genehmigung.

Übersetzt von Franchita Cattani
Lektoriert von Gerhard Juckoff
Umschlagfoto: Eingangstür der Universal Hall Findhorn
Gestaltung: Simon

1. Auflage 2000
Greuthof Verlag und Vertrieb GmbH, Gutach i.Br.
ISBN 3-923662-52-1

Satz: TypoVision, Zürich
Druck und Bindung: Freiburger Graphische Betriebe
Gedruckt auf chlorfrei gebleichtem Papier
Printed in Germany

Inhalt

Geleitwort

Ende der siebziger Jahre verbrachte ich einige Monate in Findhorn. Es wurde mir zur lieben Gewohnheit, frühmorgens längere Zeit im Andachtsraum zu meditieren – von tiefer Ruhe geprägte Stunden, die auch Eileen bevorzugte. Meistens waren nur wir beide dort, und bei mir entwickelte sich allmählich ein Gefühl innerer Nähe und geistiger Verbundenheit zu ihr.

Meiner eigenen Philosophie, das weltliche Theater nicht allzu ernst zu nehmen, gab Eileen Caddy wichtige neue Impulse. Jahre später, als ich wieder einmal Findhorn besuchte, erzählte mir David Earl Platts, dass Eileen und er die Idee hätten, eine Sammlung mit täglichen Weisungen herauszugeben, die viele auf dem Weg begleiten sollte. Ich war von der Idee begeistert und sofort bereit, hierbei mitzuwirken. Kurz danach lud Eileen mich zu einem Treffen ein, um mit mir über dieses Buchprojekt – das später *Herzenstüren öffnen* genannt wurde – zu sprechen. Als ich zur verabredeten Zeit ihren Bungalow betrat, saß sie vor dem Fernseher und schaute gebannt ein Fußballspiel an. Das Match war für sie so wichtig und spannend, dass sie mich bat, zu einem anderen Zeitpunkt wiederzukommen. Ihrem Wunsch kam ich natürlich gerne nach – und freute mich über diese ganz normale und doch so »heilige« Frau.

Für mich ist es ein großes Geschenk, aus einer tiefen inneren Verbindung zu Eileen ihre Bücher veröffentlichen zu dürfen. Den Jahresbegleiter *Herzenstüren öffnen*, der für unzählige Menschen rund um die Erde zu einer Quelle der Inspiration wurde, habe ich nicht nur verlegt, sondern ihm auch meine ganze Liebe gegeben. Das über Jahre anhaltende große Echo freut mich sehr, zeigt es doch, wie tief viele Menschen davon berührt werden. Nun bin ich glücklich, Ihnen den weiteren Band *Mit Gott im Herzen* vorstellen zu können. Mit seinen sprechenden Fotografien, erläuternden Texten und ausgewählten Weisungen ist er als lebendiger Einblick in Eileens Leben die ideale Ergänzung zu *Herzenstüren öffnen*.

Mein Wunsch ist es, dass dieses Buch ein Lichtstrahl sein möge, der alle Interessierten am Leben und Wirken dieser einmaligen Frau teilhaben lässt. Mein Dank gilt Eileen Caddy, der bewundernswerten Persönlichkeit, die nicht nur für mich, sondern auch für alle Leser unvergesslich geworden ist.

Heinz Bilger
Greuthof Verlag

Vorwort

Bei einer Diskussion mit einer Gruppe junger Menschen kamen wir auf die Findhorn-Gemeinschaft zu sprechen. Nachdem ich einige Erfahrungen aus den Anfängen erzählt und über die damalige großartige Kreativität und Begeisterung sowie den einstigen Abenteuergeist berichtet hatte, fragte eine der Anwesenden wehmütig: »Und wo ist das Findhorn unserer Generation? Wo ist der Ort, an dem *wir* in einem neuen Geist leben können?«

Die Gemeinschaft muss denen, die zu Beginn der 70er Jahre noch nicht geboren waren, wohl uralt erscheinen. Damals wurde sie von Peter und Eileen Caddy, Dorothy Maclean und mir geleitet. Sie ist jedoch noch immer ein Ort des Pioniergeistes und spirituellen Potentials und heute noch genauso aufregend und wunderbar, wie sie es damals für uns war. Ist die Frage falsch gestellt? Nicht der Ort war wunderbar, an dem sich unzählige Möglichkeiten eröffneten, sondern die Menschen waren es, die dort lebten.

Findhorn wurde ursprünglich wegen seines erstaunlichen Gemüsegartens auf einem äußerst kargen Boden berühmt. Die Gemeinschaft selbst aber entstand aus dem Geiste aller Menschen, die dort lebten. Auf jeden Fall kann man sagen, dass es ohne Eileen Caddy kein Findhorn gäbe.

Peter und Dorothy, die anderen beiden Mitbegründer, leisteten außerordentlich wertvolle und einmalige Beiträge, ohne die Findhorn nicht entstanden wäre. Eileen jedoch war die Stimme Gottes in der Gemeinschaft, die Achse, um die sich das Ganze drehte. Denn letzten Endes war und ist Findhorn nicht um seines Gartens, seiner Arbeit mit Naturgeistern oder seiner Schulungsprogramme wegen ein derart wichtiges spirituelles Zentrum geworden, sondern weil es sich auf die Erforschung und Ausrichtung auf Gott im Inneren, auf die Heiligkeit in jedem Menschen und in allen Dingen konzentrierte. Die Findhorn-Gemeinschaft entstand dank der Fähigkeit, zu schweigen und auf die »leise Stimme im Inneren« zu hören; dies war die größte und reinste Lektion und das Geschenk, das Findhorn allen Besuchern anzubieten hatte. Die Wunder des Pflanzenwachstums und der sonstigen Manifestationen waren zwar allesamt erstaunlich, aber letztlich ist der *Ursprung* der Wunder wichtiger als alles andere.

Eileen Caddy verkörpert all das, weshalb die Gemeinschaft überhaupt entstanden ist: Sie wies darauf hin, dass Gott in jedem Menschen gegenwärtig ist und eine für alle zugängliche Quelle der Zugehörigkeit, Verbindung und Wunder darstellt, und zwar in diesem modernen Zeitalter, in dem das Geistige häufig so fern erscheint, dass es nur noch als Fantasie betrachtet wird.

Mir war es vergönnt, Eileen in vielen alltäglichen Lebenssituationen kennenzulernen. Ich habe gesehen, wie sie Tee und Kuchen servierte, Wäsche aufhängte, die Küche schrubbte und

Mutter war. Ich war Zeuge ihres Mutes im Angesicht von Krankheit, dem Tod von Freunden, den Herausforderungen ihrer Beziehungen und dem Ende ihrer Ehe. Ich habe sie wütend, traurig, glücklich, hilfsbereit und nachdenklich gesehen. Unter all diesen alltäglichen Gefühlen und Gedanken eines Menschen, der ein erfülltes, produktives Leben voller Herausforderungen lebte, ist mir eine gleich bleibende Eigenschaft bei ihr aufgefallen: Sie ist jemand, der stets nach innen hört.

Sie hört nach innen, weil sie sich das strahlende, vom Leben gehärtete Wissen mühsam errungen hat, dass Gott ständig und jeden Augenblick zu ihr spricht, so wie Er auch zu Ihnen, zu mir und allem Leben, zu jedem Samen und Atom in der Schöpfung »spricht«. Diese leise innere Stimme macht sich nicht nur mit Worten bemerkbar, sondern auch durch die Sprache der Liebe und Stärkung, der Fürsorge und des Annehmens, der Einheit und der Mitschöpfung.

Eileen zufolge ist Gott im Inneren kein Fremder, sondern bei allem Freud und Leid, bei jeder Möglichkeit und Herausforderung anwesend. Weil Seine Anwesenheit für sie eine Tatsache ist, fällt es ihr leicht, anderen ebenfalls dafür die Augen zu öffnen. Für sie ist »bedingungslose Liebe« kein eingängiger New-Age-Slogan, sondern eine wirkliche Kraft und die grundlegende Sprache, in der Er sich uns mitteilt. In einem Gespräch mit Eileen erlebt man, wie sie zu einem innigeren Hinhören ermutigt, als man es je zuvor erlebt hat, und alle dahingehend unterstützt, Seine Sprache im eigenen Herzen und Geist zu hören und dadurch eine Wandlung zu erfahren.

Für mich ist Eileen eine der bedeutendsten Mystikerinnen unserer Zeit und zugleich eine wunderbar normale Frau, die uns immer wieder aufzeigt, welche Kraft in der Natürlichkeit liegt. Sie hat Gott für uns auf die Erde herabgeholt und kann auch uns zurück auf die Erde bringen, mitten in den Stoff hinein, aus dem unser Leben gewoben ist und in dem die leise innere Stimme spricht und ihren Zauber ausübt.

Eileen Caddy hat uns gezeigt, was aus dem Leben eines Menschen werden kann, der nach innen hört. Sie hat das mit Würde, Mut, Humor und unerschütterlicher Liebe getan. Eileen zu kennen heißt erfahren, dass auch wir zu denen gehören können, die nach innen hören.

»Und wo ist das Findhorn unserer Generation?« hatte meine junge Zuhörerin gefragt. Die eigentliche Frage lautet: Wo sind die Menschen der heutigen Generation, die tief innen auf die Stimme und Sehnsucht des Heiligen in ihren vielfältigen Formen lauschen und die leise innere Stimme sowie deren Sprache der bedingungslosen Liebe hören?

Diese sind es, die wie Eileen nicht nur neue Findhorns ins Leben rufen werden, sondern eine neue Welt der Zukunft, und das ist viel wichtiger. Wenn sie so leidenschaftlich, liebevoll und klar mit der inneren Stimme leben wie Eileen, wird es in der Tat eine gute Welt sein.

David Spangler

Frühe Kindheit in Ägypten

Eileen Marion Jessop wurde am 26. August 1917 in Alexandria geboren. Ihr Vater war von Irland nach Ägypten gezogen, um in der Anglo-Ägyptischen Bank zu arbeiten. Dort lernte er Eileens Mutter, eine Engländerin, kennen. Eileen war nach Patrick (Paddy) das zweite von vier Kindern; nach ihr kamen Rex und Florence (Torrie).

Albert William Jessop, Eileens Vater

Muriel Clutten (Bull) Jessop, Eileens Mutter

Gerade alt genug zum Sitzen und Lächeln
für den Fotografen

Mit ihrer Mutter in der Pferdekutsche

Eileen salutiert mit drei Jahren
wie ein richtiger kleiner Matrose

Vierjährig im Feenkostüm bei
einem Maskenball mit den
»Köchen« Torrie, Rex und Paddy

Schulzeit in Irland

Als Eileen sechs war, kamen sie und Paddy in Irland in die Schule; sie wohnten das Schuljahr hindurch bei einer Tante in Dublin. Rex und Torrie stießen später, als sie ins schulpflichtige Alter kamen, hinzu. Durch ihre Tante wurde in Eileen eine tiefe Sehnsucht nach Gott geweckt.

Die siebenjährige Eileen in Fernhurst (Dublin)

Sie liebte ihre Puppen, vor allem Nanouche

Mit Paddy

Im Uhrzeigersinn von oben links:

Mit Paddy und Tante

Unterwegs zum Entenfüttern in Stephens Green

Beim Tierefüttern im Dubliner Zoo

Beim Kricketspielen mit ihren Brüdern

Fischen mit Torrie

Ausruhen nach dem Tennis

Die Jugendzeit

Eileen blieb bei ihrer Tante, bis sie elf Jahre alt war und mit Torrie nacheinander in mehrere Internate geschickt wurde. Jeden Sommer fuhren die Kinder nach Alexandria die Eltern besuchen. Eileen trug die Verantwortung für die Geschwister auf der fünftägigen Zug- und Schiffsreise von Irland nach Ägypten.

Schiffsreise auf der Esperia nach Ägypten in den Schulferien

16. Geburtstag in Ägypten. Im Uhrzeigersinn von rechts unten: Eileen, ihre Mutter, Torrie, ein Hausangestellter und Rex

Rex, Eileen und Torrie am
Strand 1934

Familienausflug an den Strand:
Torrie, Mutter, Rex und Eileen

Torrie und Eileen als Brautjungfern bei einer Hochzeit in Ägypten.
Von links nach rechts: Torrie, Tante, Mutter und Eileen

Als Eileens Vater unerwartet an Bauchfellentzündung starb, verließ sie die Schule und kehrte nach Ägypten zurück, damit sie sich um die Mutter und Rex kümmern konnte, der Epileptiker war. Schließlich entschied sich die Mutter, mit der Familie nach England zurückzukehren. Doch ein Jahr nach dem Umzug erkrankte sie an Hirnhautentzündung und starb ganz plötzlich. In kaum zwei Jahren hatten die Kinder beide Eltern verloren. Eileen war damals erst 18 Jahre alt.

Mit den Brüdern in England

Beim Nähen in einem sonnigen englischen Garten

Die folgenden drei Jahre besuchte Eileen eine Hauswirtschaftsschule in Sussex und arbeitete als Köchin in einer Schule in New Forest; auf Paddys Vorschlag hin kauften sie mit ihrem Erbteil eine Gastwirtschaft, die sie gemeinsam führten.

Hochzeit
mit
Ehrengarde

Ehe und Familie

Das Gasthaus lag unweit eines Stützpunktes der Royal Air Force in Oxfordshire. Bald lernte Eileen dort den groß gewachsenen, gut aussehenden Fliegermajor Andrew Combe kennen, einen der ersten drei Piloten, die mit einem einmotorigen Bomber nonstop von Ägypten nach Darwin in Australien flogen, was 1939 ein Rekord war. Sie heirateten im Mai desselben Jahres.

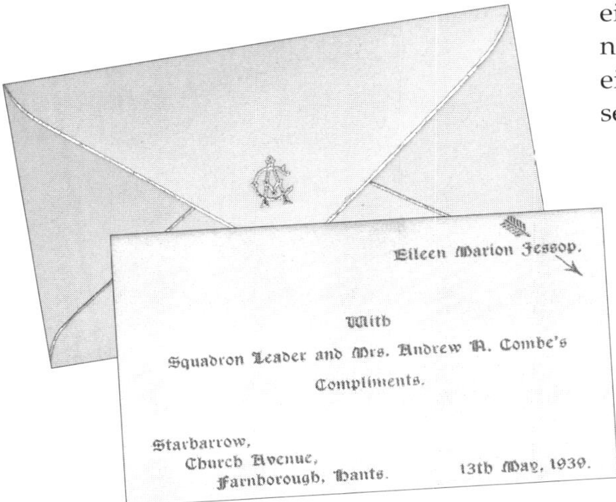
Eileen Marion Jessop.

With
Squadron Leader and Mrs. Andrew N. Combe's
Compliments.

Starbarrow,
Church Avenue,
Farnborough, Hants.

13th May, 1939.

Eileen mochte kleine Tiere wie Toby, einen Zwergpinscher, besonders gern

Der Krieg begann. Wie die meisten Offiziersfamilien mussten auch sie alle drei Jahre umziehen, zuerst von Farnborough, wo Jennifer und Richard zur Welt kamen, nach Norfolk, wo Suzanne geboren wurde, dann nach London, wo sie die Zerstörungen des Blitzkriegs überlebten. Nach dem Krieg wurden sie in die USA versetzt, wo Mary Elizabeth zur Welt kam; dann kehrten sie zurück nach England. Sie kauften ein großes Haus für die Familie in Surrey und bekamen ihr letztes Kind Penny. Danach wurden sie nach Habbaniya im Irak versetzt.

Eileen 1949 mit Mary Elizabeth, Jennifer, Richard und Suzanne

Eileen mit Penny, ihrer Jüngsten, am Swimmingpool im Irak

Das Göttliche im Inneren

Nach 14 Ehejahren waren sie wieder in England, und Eileen verliebte sich plötzlich in Peter Caddy, einen RAF-Offizier, den sie und Andrew schon einige Zeit kannten. Sie bat Andrew um die Scheidung und dachte, sie könnten als Freunde auseinandergehen, wenn sie sich nur genug Zeit dazu ließen. Als Andrew ihr dann aber – später sogar mit einer Gerichtsverfügung – untersagte, die Kinder zu sehen, war sie jedoch der Verzweiflung nahe. Betroffen durch die Ereignisse, begab sie sich mit Peter und seiner Exfrau Sheena in einen Andachtsraum in Glastonbury und begann zu beten.

Ich war voller Sorgen und fragte Gott, was ich bloß tun sollte, da mir mein ganzes Leben so hoffnungslos erschien. Mitten in meinem völlig ernsten Gebet hörte ich ganz deutlich eine Stimme zu mir sprechen. Die Stimme sagte: »Sei still und wisse, dass Ich Gott bin.« Ich öffnete die Augen und sah mich nach dem Sprecher um. Zwar waren Peter und Sheena im Andachtsraum, aber sie redeten nicht. Beide waren mit geschlossenen Augen ins Gebet vertieft. Die Stimme war in meinem Kopf.

Etwas später hörte ich dieselbe Stimme wieder: »Du hast einen sehr großen Schritt in deinem Leben getan. Und wenn du Meiner Stimme folgst, wird alles gut. Ich habe dich und Peter zu einem ganz speziellen Zweck zusammengeführt, damit ihr eine bestimmte Arbeit für Mich tut. Ihr werdet als eins zusammenarbeiten und dies nach und nach immer besser erkennen. Wenige sind auf diese Weise zusammengebracht worden. Hab keine Angst, denn Ich bin bei dir.«

Als ich meine Gebete beendet hatte, ging ich hinaus und erzählte Peter und Sheena wörtlich, was sich zugetragen und was ich gehört hatte. Ganz gespannt baten sie mich, das Gehörte zu wiederholen. Dabei wurde mir klar, was für besondere Worte es waren: »Sei still und wisse, dass Ich Gott bin.«

Ich hatte mir Gott immer irgendwo »draußen« vorgestellt, als jemanden, dem ich zwar etwas sagen konnte, der mir aber nie selber Antwort gab. Hier aber hörte ich eine Stimme sagen, sie sei die Stimme Gottes. Was hatte das zu bedeuten?

Nach der ersten Erfahrung mit dieser Stimme stellte ich fest, dass sie jedesmal zu mir sprach, wenn ich still für mich dasaß. Stellte ich Fragen, gab sie mir Antwort. Ich begriff, dass ich hier einen wunderbaren Freund hatte, der immer da war, wenn ich Hilfe brauchte. Ich konnte jederzeit mit meinem Freund reden und bekam immer Antwort. Mit der Zeit gewöhnte ich mich an die Stimme und merkte, dass ich jeweils tat, worum sie mich bat. Ich nahm an, dass es sich bestimmt um eine sehr weise Stimme handelte. Mein Vertrauen in sie wurde immer größer, und ich wandte mich bei allem, was ich tat, an sie.

Anfangs nannte mich die Stimme »Mein Kind«. Es war, als rede ein äußerst gütiger Vater mit seinem Kind. Dann veränderte sich unsere Beziehung, und die Stimme nannte mich: »Mein geliebtes Kind«. Meine Liebe zu der Stimme wurde immer größer. Wenn man »geliebtes« Kind genannt wird, entsteht ein eigenes, wunderbar warmes Gefühl im Herzen.

Dann kam die Zeit, als mich die Stimme »Mein Liebes« nannte. Es fühlte sich an, als wäre diese wunderbare Stimme direkt in meinem Wesen, in meinem Herzen, und meine Liebe zu ihr wurde noch größer. Ich empfand eine Einheit mit ihr, als könne mich nichts je von ihr trennen und als sei sie ständig, morgens, mittags und abends, ein Teil von mir. Egal, was ich auch tat oder wo ich war, die Stimme war immer da.

Nachdem ich nun über 46 Jahre lang auf diese Stimme gehört habe, nehme ich sie als mein höchstes Wesen an, als Ausdruck des Göttlichen in mir.

Seit sie 1953 die Stimme zum ersten Mal hörte, hat Eileen nach dieser inneren Führung gelebt; sie hat zur Gründung und Entfaltung der Findhorn Foundation geführt, der internationalen spirituellen Gemeinschaft, und des ganzheitlichen Schulungszentrums im Norden Schottlands. Auf den nachfolgenden Seiten ist eine Auswahl der Weisungen zu finden, die Eileen von ihrer inneren Stimme empfing.

Der Neubeginn

Eileen brachte ihren Sohn Christopher in London zur Welt. Peter nahm seinen Abschied von der RAF und begann an der Universität der Luftwaffe in Hampshire zu arbeiten; dort wurde Jonathan geboren. Später zogen sie nach Schottland und ließen sich schließlich in Forres nieder. Peter bekam eine Anstellung als Manager des Cluny Hill Hotels, wo David, ihr letztes Kind, zur Welt kam.

Das Cluny Hill Hotel in Forres

Hauptstraße der »Königlichen Stadt« Forres mit Denkmal und Uhrturm

Mit Peter, Jonathan und Christopher im Garten des Cluny Hill Hotels mit Blick auf den öffentlichen Golfplatz

Ich bin in dir

Ich bin bei dir. Wenn du hinaufsteigst in die Höhen oder hinabsinkst in die Tiefe: Ich bin da. Ich bin bei dir in der Stille, wenn alles in Frieden und Harmonie ist, doch Ich bin auch da, wenn du nach Mir rufst, wenn du in Not bist, in Chaos und Lärm, und dich nicht mehr zurechtfindest. Ich bin dir näher als dein Atem, näher als deine Hände und Füße. Ich bin in dir, wie Ich in aller Schöpfung bin.

Es ist nicht nötig, dich in Sack und Asche zu kleiden oder herumzugehen und zu verkünden, dass du ein elender Sünder seist und unwert, Mein geliebtes Kind zu heißen. All diese Lehren gehören dem alten Zeitalter an, und sie sind falsch und unwirklich. Akzeptiere, dass wir eins sind und dass Ich in dir bin.

Denk daran, immer deinen Glauben und dein Vertrauen in Mich zu setzen, den Herrn, deinen Gott, die Gottheit in dir. Geh Hand in Hand mit Mir; suche allezeit Meinen Rat; und lass Mich dich führen und lenken. Ich bin in dir, und nichts kann unsere direkte Verbindung von außen her stören. Fühle dich in diesem Wissen sicher.

Ich bin in dir. Nimm unser Einssein mit Freude und Staunen an. Nimm es wie ein ganz kleines Kind an, und vergeude keine Zeit und Energie damit, es mit deinem Verstand zu begreifen. Wenn du versuchst, dieses Leben intellektuell anzugehen, vergeudest du viel Zeit und übersiehst dabei, wie einfach es ist. Meine Wege sind einfach; hör auf, sie für dich kompliziert zu machen.

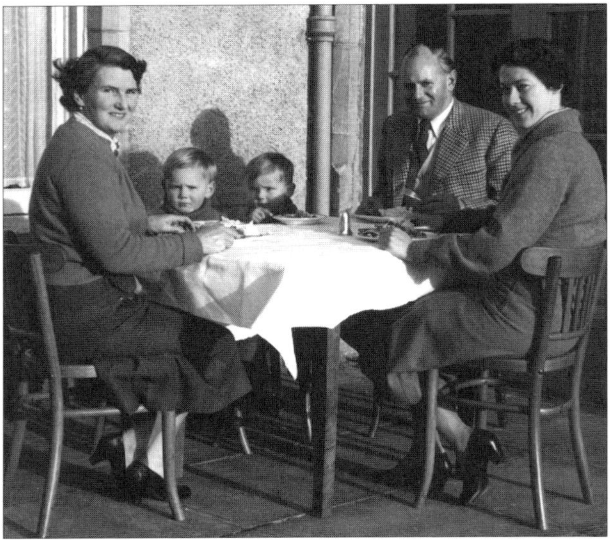

Mittagessen auf der Terrasse des Cluny Hill Hotels mit Peter und ihrer kanadischen Freundin Dorothy Maclean, Peters Sekretärin

David, Christopher und Jonathan

Familie Caddy 1960

Spielen

Lebe und arbeite, aber vergiss nicht zu spielen; Spaß am Leben zu haben und es zu genießen. Du brauchst in allem einen Ausgleich. Zu viel Arbeit ohne Spiel macht dein Leben einseitig, macht dich langweilig und uninteressant. Suche einen vollkommenen Ausgleich in allem, was du tust, und du wirst feststellen, dass das Leben eine wahre Freude ist. Du brauchst Abwechslung im Leben, warum also nicht ausbrechen und etwas ganz Neues und anderes versuchen, nicht, weil das, was du tust, langweilig wäre oder du davonlaufen willst, sondern weil du die Notwendigkeit einer Veränderung erkennst. Wenn du das ohne jedes Schuldgefühl tun kannst, wirst du sehen, dass du alles, was du zu tun hast, aus einer neuen Sicht betrachten kannst; viel wichtiger aber ist, dass du es mit wahrem Vergnügen tun wirst. Was nützt das Leben, wenn du dich nicht daran freuen und alles genießen kannst, was du unternimmst, ob du es nun Arbeit nennst oder Spiel?

Das Leben sollte nie eine Last sein. Du bist nicht hier, um dich von der Bürde der Welt niederdrücken zu lassen. Du bist hier, um das Allerbeste aus dem Leben zu machen und jeden Augenblick zu genießen, weil du ein ausgeglichenes Leben lebst und Geben und Nehmen ständig stattfinden.

Motorbootfahren mit Peter und den Kindern in der nahen Findhornbucht

Die Gegenwart

Freue dich und sag ewig Dank, denn du weißt, dass du ewig lebst. Du lebst jeden Tag für sich, lebst jeden einzelnen Augenblick voll und in seiner ganzen Herrlichkeit, wobei du die Vergangenheit vergisst, keinen Gedanken an die Zukunft verschwendest und einfach annimmst, dass das Leben ewig ist und weder Anfang noch Ende hat.

Sinnt nach über die Worte: »Jetzt ist die Zeit.« Ihr findet das Geheimnis eines freudvollen, harmonischen, beglückenden Lebens, wenn ihr im Jetzt die einzige Zeit seht. Jetzt *ist die einzige Zeit, die es gibt. Verweilt nicht länger in der Vergangenheit, noch schaut aus nach einer Zukunft. Seid wach in dem herrlichen Jetzt, das erfüllt ist von der Güte Gottes; nehmt es ganz an! Dieses Verstehen ist euer* Jetzt *– nehmt es an: Harmonie, Heilung, Überfluss, Schutz, Frieden, Freude.*

Versucht niemals, zu weit vorauszuschauen; das allein kann die Ursache großer Spannung und Belastung sein. Ihr könnt immer nur einen Schritt auf einmal tun, also tut diesen einen Schritt, und der nächste wird genau zum rechten Zeitpunkt folgen. Lasst die Dinge sich entwickeln und versucht nicht, sie zu manipulieren.

Wohnwagenpark in der Findhornbucht

Bei der Leitung des Hotels arbeiteten Peter und Eileen eng zusammen. Bei auftretenden Problemen bat er sie jeweils, sich innere Führung geben zu lassen, und setzte diese dann um. Sie waren sehr erfolgreich, und unter ihrer Leitung stieg das Cluny Hill Hotel zu einem Viersternehotel auf. Nach fünf Jahren wurden sie in ein Hotel in Perthshire versetzt, dort jedoch plötzlich und ohne Erklärung nach ihrer ersten Saison entlassen.

Da sie nun keine Bleibe mehr für die Familie hatten, zogen sie für den Winter mit ihrem Wohnwagen in eine einsame Ecke des Wohnwagenparks der Findhornbucht an der Moray-Förde. Im Frühjahr kamen ein Anbau für Dorothy Maclean und ein eingezäunter kleiner Hof dazu; da Peter immer noch arbeitslos war und Sozialhilfe bezog, pflanzten sie einen Gemüsegarten.

Ihr Wohnwagen mit dem alten Lagonda

Dorothy entdeckte ihre besondere Verbindung zu den Pflanzen, und sie begann innerlich Botschaften von geistigen Kräften der Natur zu empfangen, die sie »Devas« nannte. Als die kleine Gruppe die Hinweise, die meist die besondere Pflege der heranwachsenden Pflanzen betrafen, sorgfältig befolgte, zeigte sich, dass ihr Gemüse trotz der schlechten Erde und des harten Klimas im Nordosten Schottlands überaus prächtig gedieh.

Die spirituelle Übung bildete einen besonders wichtigen Bestandteil ihres Alltags. Jeden Morgen und Abend meditierten die drei Erwachsenen und widmeten sich gemeinsam der inneren Arbeit. Sie sandten Segen an eine Reihe von Menschen und verschiedene Zentren rund um die Welt, wie sie es in Cluny begonnen hatten. Eileen bekam die innere Zusicherung, dass sie sich eines Tages mit ihrer ersten Familie versöhnen würde. Sie sollte ihr Herz öffnen und Liebe zu ihr fließen lassen. Also sandte sie jeden Tag jedem ihrer ersten fünf Kinder und Andrew Liebe und festigte damit die Versöhnung. Zusätzlich meditierte sie allabendlich mehrere Stunden für sich und hielt jede erhaltene Führung schriftlich fest.

Dorothy, Eileen und Peter im Hof hinter ihrem Wohnwagen; in den Sanddünen dahinter der Garten

Lektionen

Du verstehst vielleicht nicht immer, warum du gerade da bist, wo du bist, aber du kannst sicher sein, es hat seinen guten Grund, und genau dort gibt es eine Lektion zu lernen. Kämpfe nicht dagegen an, sondern finde heraus, worin die Lektion besteht, und lerne sie schnell, sodass du weitergehen und wachsen kannst.

Vergiss nie, Dank zu sagen für jede Lektion, die du lernst, wie schwierig sie auch sein mag. Erkenne, dass nur das Allerbeste daraus entstehen kann und dass jede Schwierigkeit nur ein Trittstein auf dem Weg ist. Es gibt wichtige Lektionen, die gelernt werden müssen, und je früher du sie lernst, umso besser.

Hast du einen Fehler gemacht, so gib ihn zu, sag, dass es dir Leid tut, und geh weiter. Dann wird keine wertvolle Zeit damit versäumt, dass du dich zu verteidigen und nachzuweisen versuchst, dass du im Recht bist. Du hast viele Lektionen zu lernen. Lerne sie schnell und versuche, denselben Fehler nie zweimal zu machen.

Wenn du dich weigerst, eine Lektion auf die eine Art zu lernen, so wird sie dir auf eine andere Weise wieder vorgelegt. Es gibt immer einen einfachen Weg; wenn du dich jedoch weigerst, ihn zu gehen, wird dir der schwierigere und kompliziertere Weg angeboten. Warum deine Lektionen nicht auf die leichte Art lernen? Das Leben ist sehr einfach. Warum es dir kompliziert machen?

Die Geburt der Gemeinschaft

Drei Jahre lang lebten die Caddys und Dorothy recht zurückgezogen, bis Eileen folgende Weisung empfing: »Eine völlig neue Welt eröffnet sich euch. Habt keine Angst. Dieses Zentrum wird ein Leuchtfeuer werden und Seelen anziehen. Weist niemanden ab.« Die ersten Besucher kamen 1965. Zwei Jahre danach wurden Eileens Weisungen in kleinen Büchern zusammengefasst und auf Wunsch abgegeben. Als sich die Nachricht verbreitete, wie die Gruppe mit den geistigen Kräften der Natur zusammenarbeitete, kamen immer mehr Besucher, um mit eigenen Augen den prachtvollen Garten, der praktisch in den Sanddünen am Meer lag, zu bewundern. Dann fragten einige, ob sie auch dorthin ziehen könnten, und so kamen in den folgenden Jahren etliche Bungalows und Wohnwagen hinzu. Als es immer mehr wurden und sich ein Gemeinschaftssinn entwickelte, wurden zuerst eine Gemeinschaftsküche mit Essraum, danach ein Andachtsraum und Kunsthandwerksräume gebaut. Jeden Morgen vor der Arbeit versammelten sich alle im Andachtsraum zur Meditation, und Peter las die Weisung vor, die Eileen am Vorabend empfangen hatte. 1971 bekam Eileen die Weisung, ihre innere Führung anderen fortan nicht mehr so mitzuteilen, weil die Zeit für diese nun gekommen sei, den Kontakt zur eigenen inneren Göttlichkeit aufzunehmen und ihre eigene innere Führung zu empfangen.

Bungalows aus Zedernholz mit dem Garten als Mittelpunkt

Im Uhrzeigersinn von links oben:
Eileen, Peter, Dorothy, Christopher, David und Jonathan

Gemeinschaftsküche und Speisesaal im Bau

Vorangehen

Du musst darauf vorbereitet sein, dass wunderbare Veränderungen im Neuen Zeitalter stattfinden. Wenn du sie akzeptieren und einfach wie ein Blatt Löschpapier aufnehmen kannst, werden die Veränderungen in dir und um dich herum in tiefem Frieden und großer Harmonie stattfinden. Du wirst bemerken, dass du dich mit den Veränderungen ändern kannst, ohne dass sie dich übermäßig berühren, und dass du so natürlich wie ein Fisch im Wasser in ihnen leben und dich bewegen und atmen wirst. Du wirst deine neue Umgebung annehmen können und dich vollkommen und ohne jede Anstrengung daran anpassen. Ein Kind steigt ohne jede Mühe vom Kindergarten zur Volksschule und von der Volksschule zur höheren Schule auf, weil es die Schwierigkeiten spielend überwindet und Schritt für Schritt vorwärtsgeht und jedes Fach und jede Anpassung annimmt, wie sie gerade kommt. Man könnte es nicht direkt vom Kindergarten in die höhere Schule bringen, denn dann wäre es völlig überfordert. Mach dir keine Sorgen: Ich werde dich nicht zu schnell voranbringen. Alles geschieht perfekt in Meinem Zeitplan.

Fließt mit dem Strom und nicht gegen ihn. Wenn ihr merkt, dass Veränderung nötig ist, dann seid bereit, euch zu ändern, und ändert euch schnell und versucht nicht, Widerstand zu leisten.

Es ist erstaunlich, wie schnell du dich an die Veränderung gewöhnen kannst, solange du den Mut aufbringst und der Überzeugung bist, dass alle Veränderungen, die da geschehen, zum Allerbesten sind.

Mit Vance Martin bei der Essensvorbereitung für die ständig wachsende Gemeinschaft

Der Speisesaal wurde auch als Versammlungsraum, zum Musizieren und für vergnügliche Abendveranstaltungen verwendet

Nichts geschieht zufällig

Nichts ist Zufall. Vollkommen ist die Absicht und der Plan, der durch das ganze Leben läuft. Ihr alle seid ein Teil von diesem Ganzen, und daher Teil von dem perfekten Plan und Muster. Wenn sonderbare Dinge sich ereignen in eurem Leben und ihr euch fragt, warum sie gerade euch geschehen, dann nehmt euch Zeit, nach dem perfekten Plan zu schauen, und seht, wie alles zueinander passt. Dann werdet ihr den Grund erkennen für alles, was geschieht.

Vergeude nie Zeit und Energie damit, zu wünschen, du wärest anderswo und würdest etwas anderes tun. Nimm deine Situation an und erkenne, dass du aus einem bestimmten Grund da bist, wo du bist, und tust, was du tust. Erkenne, dass nichts zufällig geschieht, dass du bestimmte Lektionen zu lernen hast und dass die Situation, in der du dich befindest, dir gegeben wurde, um dir zu ermöglichen, diese Lektionen so schnell wie möglich zu erlernen, damit du auf diesem spirituellen Pfad vorankommst und aufwärtsgehen kannst.

Erfahrungen, wie sonderbar oder schwierig sie auch sein mögen, sind dir zu einem bestimmten Zweck gegeben worden. Versuche, Meine Hand in allem wahrzunehmen, zu sehen, dass nichts zufällig geschieht und dass es nichts Derartiges wie Glück oder Glücksfälle gibt. Erkenne, dass du das Allerbeste oder Allerschlimmste im Leben selbst anziehst.

Vor dem Andachtsraum
im Wohnwagenpark

Das Himmelreich

Wisse, dass das Himmelreich in dir ist; es ist da und wartet darauf, dass du es erkennst. Du musst es wissen, es glauben und es dann herbeiführen. Das Himmelreich ist eine Geisteshaltung, die jeder suchen und finden muss.

Ein Same muss in den Erdboden gesetzt werden, bevor er wachsen kann. Er hat sein ganzes Potential in sich, aber dieses Potential bleibt verborgen, bis die richtigen Bedingungen für sein Wachstum und seine Entwicklung eintreten. Du hast das Himmelreich in dir, wenn du aber diese Tatsache nicht erkennst und danach zu suchen anfängst, wirst du es nicht finden, und es wird einfach brach daliegen. Es gibt viele Seelen in diesem Leben, die sich dieser Tatsache nicht bewusst werden, und diese sind wie Samen, die in Päckchen abgepackt daliegen.

Ich bin Geist. Ich bin überall. Ich bin in allem und jedem, es gibt nichts, wo Ich nicht bin. Wenn du das vollkommen erkennst und es annehmen kannst, dann weißt du, dass das Himmelreich in dir ist; du kannst deine Suche einstellen und dich nach innen wenden. Dann findest du in dir alles, wonach du suchst. Das Leben ist nicht länger schwierig, sondern wird die Einfachheit selber. Es bedeutet einfach, dass du innehalten und dir die Zeit nehmen musst, um stille zu sein und nach allem innen zu suchen, und dort wirst du es finden.

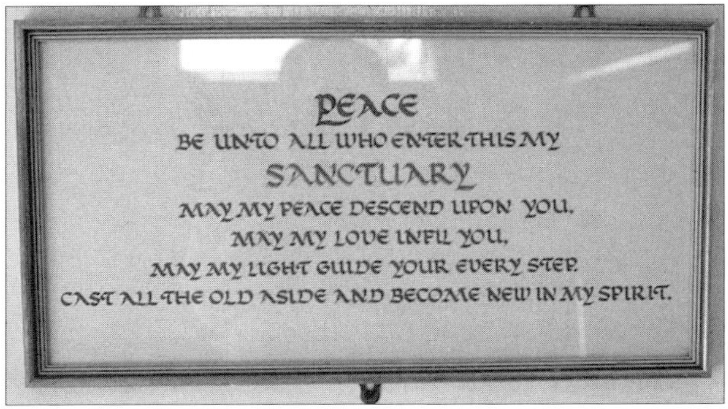

Tafel an der Tür des Andachtsraums im Wohnwagenpark

Im Andachtsraum im »Park«

Morgens allein im Andachtsraum ins Gebet vertieft

Vertrauen und Beten

Wieder einmal las ich in der Bibel und stieß auf eine Stelle, die ich viele Male gelesen hatte. Diesmal sprangen mir die Worte ins Auge, und ich fragte mich, was sie bedeuteten. Jesus sagte: »Wenn euer Glaube auch nur so groß ist wie ein Senfkorn, dann werdet ihr zu diesem Berg sagen: Rück von hier nach dort!, und er wird wegrücken. Nichts wird euch unmöglich sein« (Mt 17,20).

Als ich über diese Worte nachdachte und meditierte, fragte ich mich, welches wohl der höchste und scheinbar unüberwindlichste Berg sei, dem sich die Menschheit gerade gegenübersah und den es durch einen »Glauben so groß wie ein Senfkorn« zu entfernen galt. Der Berg, der mir einfiel, war »Angst«. Ich spüre so viel Angst in der Welt, dass es sich anfühlt wie ein Krebsgeschwür, das alles Gute, Positive und Schöne auffrisst und nur das Negative und Verfaulte übrig lässt. Es erstickt die Menschheit.

Angst ist einer unserer größten Feinde. Ich weiß, dass sie mich von dem abhält, was ich zu tun habe. Aber mir wird klar, dass ich meine Ängste nie loswerde, wenn ich nicht bereit bin, sie anzusehen. Ich habe festgestellt, dass sie zu Ungeheuern werden, wenn ich sie zu vermeiden suche; wenn ich aber den Mut habe, ihnen ins Auge zu sehen, kann ich sie besser handhaben, und manchmal lösen sie sich in nichts auf.

Ich gehe mit meinen Ängsten um, indem ich vertraue und bete. Das Vertrauen ist größer und stärker als die Angst. Ich drücke mein Vertrauen aus, dass es gut um die Welt steht, dass ein unendlich großer Plan sich entfaltet, dass alles in des Schöpfers Händen liegt und dass alles, was in meinem Leben geschieht, zum Allerbesten ist.

Wie ich bete? Um mich für den Tag einzustimmen, halte ich frühmorgens beim Aufwachen eine Zeit der Besinnung ein, bevor sich mein Verstand in alle Ereignisse und Tätigkeiten des Alltags verwickelt. Dann ist mein Leben wie eine völlig leere Leinwand. Für mich müssen die ersten Pinselstriche beim Aufwachen ganz klar und deutlich und voller Liebe, Inspiration und Erwartung für den neuen Tag sein.

Ich stimme mich auf die höchste Ebene meines Wesens ein – die Göttlichkeit in mir – und kommuniziere mit ihr. Ich vertraue darauf, dass alle meine Bedürfnisse auf wunderbare Weise erfüllt werden, noch bevor ich sie äußere. Dazu ist Vertrauen in die Verbindung mit dem Göttlichen in mir so notwendig. Wenn ich den Tag auf diese Weise beginne, weiß ich, dass er mir Wunder über Wunder bringen wird, weil ich in Harmonie mit den göttlichen Gesetzen lebe.

Als Erstes sage ich jeden Morgen: »Hier bin ich, Gott; benutze mich, wie Du willst.« Ich biete mich an, auf jedwede Weise benutzt zu werden, und bin mir darüber klar, dass ich die Verantwortung trage. Dann bete und meditiere ich, nachdem ich den Abschnitt für den jeweiligen Tag in Herzenstüren öffnen *gelesen habe. Das tue ich in meinem Schlafzimmer, bevor ich in den Andachtsraum gehe, um dort weiter zu meditieren. Ich spüre, dass meine Meditation im Andachtsraum die Christusenergien für die ganze Gemeinschaft verankert. Ich gehe dorthin, um mich zu zentrieren, auszugleichen und zu stabilisieren und dann meinen Alltag zu leben.*

Eines Tages sagte ich: »Dein Wille geschehe«, und während ich das sagte, merkte ich, wie ich mich von Gott trennte – da war Gott, und da war Eileen, und irgendwie stimmte etwas mit dieser Trennung nicht. Immer wieder empfing ich die Führung: »Wir sind eins, es gibt keine Trennung«, aber ich erkannte dies nicht mit meinem Herzen. Es war mir schrecklich zumute, und gleichzeitig kam es mir vor, als wäre ich eine Ketzerin, wenn ich es im Innersten spürte. Nach und nach bekam ich jedoch das Gefühl, dass Gott im Inneren weilt; es ist ein tief verinnerlichtes Wissen geworden. Es hat in mir angefangen zu leben. Jetzt weiß ich mit meinem ganzen Wesen, dass Gott und ich eins sind. Es gibt keine Trennung. Gott ist in mir.

Das war ein Prozess. Es ist nicht sofort geschehen. Ich musste daran arbeiten, dabeibleiben, es leben und verkörpern, bis ich erkannte: Ja, ich bin die Führung. Was durch mich fließt, kommt aus dem höchsten Teil meines Wesens, aus der Göttlichkeit in mir.

Die Findhorn-Gemeinschaft

Die 70er Jahre waren ein Jahrzehnt rapiden Wachstums. Eileens erstes Buch der Weisungen *Gott sprach zu mir* wurde 1971 veröffentlicht. Dann strahlte die BBC eine Live-Sendung vom Wohnwagenpark mit dem in England bekannten und geachteten Moderator Magnus Magnusson aus. Zeitungsartikel und Bücher erschienen. Der amerikanische Journalist Paul Hawken schrieb *Der Zauber von Findhorn*, und die Findhorn-Gemeinschaft, heute eine gemeinnützige Stiftung, veröffentlichte ein Buch über ihren berühmt gewordenen Findhorn-Garten. Die Gemeinschaft wuchs weiter und zog immer mehr Menschen von außerhalb Englands an. Der amerikanische Schriftsteller, Pädagoge und Mystiker David Spangler half Peter bei der Leitung; er und seine Partnerin Myrtle Glines trugen wesentlich zur Entwicklung der Gemeinschaft bei, die 1975 bereits 350 Menschen umfasste.

David Spangler, Myrtle Glines, Peter und Eileen in Randolph's Leap am Findhornfluss bei Forres

Gottes Gemeinschaft

Die Aufgabe dieses Zentrums ist es, durch die Erkenntnis des Christusbewusstseins in jedem Menschen die Schwingungen zu erhöhen, direkten Kontakt mit Mir zu finden, Licht und immer mehr Licht zu erzeugen und auszustrahlen; Mein Reich auf die Erde zu bringen und zu sehen, wie es genau hier beginnt und sich in alle vier Himmelsrichtungen ausbreitet; mit innerer Zuversicht zu wissen, dass alles möglich ist, und Zeuge zu sein, wie das Unmögliche möglich wird; Ganzheit zu erschaffen, Einheit; Einheit in der Vielfalt hervorzubringen.

Ich will, dass ihr dieses Zentrum des Lichts anseht als eine stetig wachsende Lichtzelle. Es begann mit einer Familiengruppe, jetzt ist es eine Gemeinschaft. Es wird zu einem Dorf werden, dann zu einer Stadt und schließlich zu einer riesigen Lichtstadt. Es wird stufenweise wachsen und sich sehr rasch ausbreiten. Weitet euch mit dieser Expansion. Die Fundamente reichen sehr, sehr tief und sind auf Fels gebaut. Deshalb macht es nichts aus, wie schnell das Wachstum vor sich geht oder wie groß es wird.

*Seht dieses so voll-
kommene Zentrum,
gefüllt mit Seelen,
die einfach da sind,
um Meinen Willen
auszuführen
und Meine Wege zu
wandern.*

Und Eileens Findhornfamilie
wurde immer größer …

Als die Gemeinschaft weitere Unterkunftsmöglichkeiten für den wachsenden Besucherstrom benötigte, erwarb sie das Cluny Hill Hotel, das als Cluny Hill College zum Mittelpunkt der Lehrprogramme und Konferenzen wurde. Später wurden weitere Gebäude erworben, darunter das »Station House« im Dorf Findhorn und »Drumduan« in Forres. Zudem übernahm die Gemeinschaft eine Verwalterfunktion für »Traigh Bhan«, ein Retreatgebäude auf der Insel Iona, sowie für die gesamte Insel »Erraid« vor der Westküste Schottlands. Eileen verband all diese Orte in ihrer Meditation zu einem Ganzen und strahlte täglich Licht und Liebe zu ihnen aus.

Cluny Hill College, das Schulungszentrum der Findhorn-Gemeinschaft, im Winter

Geduld

Wenn ein kleines Kind, das gehen lernt, umfällt, ist es nicht entmutigt, sondern steht wieder auf und versucht es immer wieder, bis es die Kunst des Gehens gemeistert hat. So verhält es sich mit dem spirituellen Leben. Lass niemals zu, dass dich scheinbare Niederlagen entmutigen und davon abhalten, auf dem spirituellen Weg vorwärtszugehen. Wenn du fällst, steh einfach wieder auf und versuche es noch einmal. Gib dich nicht damit zufrieden, voll Selbstmitleid liegen zu bleiben und zu sagen, dass du nicht weitergehen kannst und dieses Leben zu schwierig ist. Du musst innerlich immer vollkommen sicher sein, dass du das Ziel schließlich erreichen wirst, wenn du den Fuß einmal auf den spirituellen Pfad gesetzt hast, ungeachtet aller Hindernisse, denen du auf dem Weg begegnen magst. Du wirst feststellen, dass die Zeit, die du allein in der Stille verbringst, dich spirituell wieder auflädt und dir hilft, ohne zurückzuschrecken oder zu wanken, allem entgegenzutreten, was vor dir liegen mag. Deshalb hilft die Zeit, die du jeden Morgen mit Mir verbringst, dich für alles zu stärken, was der Tag dir bringen mag.

Sei stille, und dein Herz wird vor Freude jubeln.
Sieh keine Trennung, und du wirst die Einheit finden.
Sei sanftmütig, und du wirst keine Gewalt brauchen.
Sei geduldig, und du wirst jedes Ziel erreichen.

Feier zur Eröffnung
der Sauna im »Station House«
im Dorf Findhorn

Das Dorf Findhorn
an der Moray-Förde

Das Ganze

Es braucht von allem etwas, um ein Ganzes zu bilden. Viele winzige Rädchen, Schrauben und Federn werden gebraucht, um eine Uhr herzustellen. Jedes Körperorgan, jede winzige Zelle, jedes Atom wird gebraucht, um den Körper ganz und vollkommen zu machen. Wenn ihr euch selbst als Teil des Ganzen erlebt, werdet ihr nicht länger zurückhalten wollen, was ihr zu geben habt.

Lasst keine Gefühle des Wettstreits in euch aufkommen. Wenn ihr erkennt, dass ein jeder dem Ganzen eine besondere Rolle anzubieten hat, wird all dieses Konkurrenzdenken verschwinden, und ihr werdet euch entspannen und ihr selbst sein können.

Benutze alles, was du hast, zum Wohle des Ganzen. Versuche nicht, es aufzuhäufen oder zu horten, sondern teile es; denn indem du es teilst, wird es wachsen, während du es sicherlich verlieren wirst, wenn du es festhalten und etwas oder jemanden besitzen willst. Das ist das Gesetz, und wenn du danach lebst, wirst du sehen, wie es sich rings um dich verwirklicht.

Wenn alle Seelen ihr Allerbestes geben, liegen Last und Verantwortung nicht auf den Schultern von wenigen. Die Last des Ganzen wird leichter, bis sie nicht länger eine Last ist, sondern eine wahre Freude und ein wahres Vergnügen. Achte auf deine Einstellung und trage zum Frohsinn und glatten Ablauf des Ganzen bei.

Steinhütten auf der Insel Erraid mit Blick auf die Insel Mull

Im Gespräch mit einer Ziege und Inselbewohnern

Nachdem ihre Kinder erwachsen waren, konnte Eileen ihr Tätigkeitsfeld erweitern. Sie nahm Tonbandkassetten zu ihren wichtigsten Themen auf: Meditation, Vertrauen und Beten, die Herausforderung von Veränderungen und bedingungslose Liebe. Die Kassetten zogen Wochenseminare für Gäste und die Veröffentlichung weiterer Bücher nach sich, insbesondere ihres weltweit verbreiteten Jahresbegleiters mit täglichen Weisungen unter dem Titel *Herzenstüren öffnen*, sowie natürlich ihrer Autobiographie *Flug in die innere Freiheit*.

Eileens Katze Susie, die eines Tages auftauchte und bei der Familie blieb

Freude

Freude ist eine Frucht des Geistes. Gebt der Freude mehr Raum in eurem Leben, seid fröhlich und lacht! Es ist so wichtig, dass Harmonie in eurem Leben herrscht. Dann kann es eine Freude ohne Ende werden. Meine göttliche Gegenwart soll euch in eurer Freude immer bewusst sein.

Ihr findet wahres Glück und wahre Freude im Leben, wenn ihr gebt und gebt und immer weiter gebt und nie nach den Kosten fragt.

Gesegnet ist jener Mensch, der den Seelen, die bedrückt sind und denen es an Glanz im Leben fehlt, Freude bringt. Wirf alle Bürden auf Mich und bringe allen Seelen, mit denen du in Berührung kommst, Freude und Freiheit. Sei voller Freude und Eingebung und spiegle Mich in allem, was du tust, sagst und denkst. Sei in vollkommenem Frieden, indem du Meinen Willen tust und Meine Wege gehst, Mir zum Ruhme.

Lebe jeden Tag für sich. Versuche nicht, vorauszueilen und Vorbereitungen für morgen zu treffen, denn morgen mag nie kommen. Genieße das Heute voll und ganz; genieße es, als wäre es dein letzter Tag. Tu all die wunderbaren Dinge, die du dich zu tun gesehnt hast, nicht leichtsinnig oder gedankenlos, sondern mit wahrer Freude.

Mit David Earl Platts bei der Leitung ihres Workshops Learning To Love (»Lieben lernen«) im Buchenzimmer des Cluny Hill College

Eileens erstes Wochenseminar für Gäste: Loving Unconditionally (»Bedingungslos lieben«) 1985

Bedingungslos lieben

Seit einiger Zeit spüre ich, dass das Wichtigste im Leben lieben zu lernen ist. Nach meiner Erfahrung gibt es grundsätzlich nur zwei Möglichkeiten zu lieben: indem wir Bedingungen daran knüpfen oder bedingungslos lieben.

Vor einigen Jahren saß ich in einem Bus und führte ein inneres Gespräch mit mir. Ich hatte das Gefühl, ich sollte es aufschreiben, also kramte ich einen Umschlag und einen Bleistift hervor und schrieb:

> *Kannst du mir und ich dir sagen: »Ich liebe dich«, ohne dass der eine oder andere sich dabei unbehaglich oder bedroht fühlt oder meint, es werde etwas von ihm verlangt? Können wir einander ungeachtet unseres Alters, Geschlechts oder unserer Herkunft mit reiner, verständnisvoller Liebe lieben? Vorbehaltloser Liebe? Die Welt, die ganze Menschheit, braucht diese Art von Liebe. Können wir so lieben? Ich glaube, wir können es, aber es ist nicht etwas, über das man einfach so redet. Es ist etwas, nach dem man handelt, das man ausprobiert.*

Dieser innere Dialog war der Anfang meiner Suche nach Ganzheit in meinem Leben, und ich lerne noch immer, diese bedingungslose Liebe in die Tat umzusetzen. Ich habe darüber gelesen und in der Meditation Eingebungen dazu bekommen. Ich habe erfahren, dass bedingungslose Liebe eine Äußerung der Göttlichkeit in jedem Menschen ist. Sie ist allumfassende Liebe. Sie nimmt jeden und alles an, auch wenn sie diesem nicht immer zustimmt. Sie ist einmalig, universell und in jedermanns Reichweite. Sie belebt. Sie nährt. Sie erwartet oder fordert überhaupt nichts als Gegenleistung. Sie ist ihre eigene Daseinsberechtigung.

Mir scheint, wir hätten alle eine gewaltige Aufgabe zu erfüllen – die stumme Aufgabe, immer mehr bedingungslose Liebe in die Welt zu tragen. Sie ist wie Hefe in einem Stück Brotteig und tut ihre Arbeit ganz still, schweigend und ohne Aufhebens. Doch ohne sie wäre das Brot ein fester Klumpen. Wenn wir anfangen, bedingungslos zu lieben, wird das Schwere in unserem Leben leichter.

Ich habe die Erfahrung gemacht, dass wir bewusst oder unbewusst etwas als Gegengabe erwarten, wenn wir nur auf der Gefühlsebene lieben. Dann stellt unsere Liebe Bedingungen und ist meist besitzergreifend, labil, bedürftig oder sentimental. Solange wir vorwiegend auf der Gefühlsebene funktionieren, sind wir Sklaven unserer Gefühle, Marionetten an den Fäden der Gefühle in einem emotionalen Melodrama oder einer Seifenoper nach der anderen.

Wenn wir auf der Ebene der bedingungslosen Liebe funktionieren, die Göttlichkeit im Inneren als Ursprung dieser göttlichen Liebe anerkennen und dafür danken, erkennen wir nach und nach, was Freiheit bedeutet, und sind nicht mehr in unsere Gefühle verstrickt.

Wie wenige Menschen handeln auf dieser Ebene! Tun wir das, werden wir häufig von anderen, die vorwiegend auf der Gefühlsebene funktionieren, missverstanden. Wie kompliziert werden Beziehungen, wo sie doch so einfach und direkt sein könnten. Umso mehr sollten wir, wenn nötig, unsere ganze Sicht- und Denkweise ändern und den Menschen in unserer Umgebung helfen, die ihre zu ändern.

Ich habe erfahren, dass die bedingungslose Liebe sich nicht auf einmal einstellt. Sie beginnt klein und wächst von Schritt zu Schritt. Der Nutzen, den sie bringt, ist unendlich.

Das Leben ist reicher und erfüllender, wenn wir die bedingungslose Liebe als Hauptgrundsatz wählen, der uns den Weg weist. Wir können diese Entscheidung bewusst treffen, und sie dient uns, allen um uns herum und der ganzen Erde. Wir verändern die Welt, wenn wir uns kraft der bedingungslosen Liebe verändern.

Schnappschüsse auf Vortragsreisen

Peter und Eileen wurden immer häufiger in alle Welt eingeladen. Sie hielten Vorträge und Workshops über ihre Erfahrungen als Pioniere der Zusammenarbeit mit den geistigen Kräften, die der Natur zugrunde liegen, und als Begründer einer Gemeinschaft, die ausdrücklich auf überkonfessionellen spirituellen Grundsätzen und Übungen beruht. In den folgenden Jahren wurden Vortragsreisen organisiert, und sie besuchten zahlreiche europäische Länder sowie die meisten englischsprachigen Länder der Welt. Ihre Vorträge zogen immer mehr Besucher nach Findhorn, und viele kehrten später zurück und ließen sich dort nieder. Die Gemeinschaft wurde rasch zu einem internationalen Zentrum, in dem stets über zwei Dutzend Länder vertreten waren.

Bei einem Vortrag in Stockholm

Auf Vortrags- und Workshopreise in Schweden anlässlich des Erscheinens der schwedischen Ausgabe von *Worte des Lebens*

Bedürfnisse

Wenn irgendein Bedürfnis besteht, wisst, dass ihm schon abgeholfen ist. Ihr braucht nur die Erfahrung, dass Ich schon weiß um eure Nöte und sie sogleich beseitige. Aber ihr mit eurem festen Glauben müsst deutlich machen, was ihr braucht.

Erwarte nur das Allerbeste und erwarte, dass jedes Bedürfnis gestillt wird, auch das scheinbar unmöglichste. Begrenze dich nie und nimmer oder denke, dass du nicht soviel erwarten solltest. Nimm deine Bedürfnisse sehr klar wahr, drücke sie aus, und dann habe vollkommenen Glauben und vollkommenes Vertrauen, dass sie erfüllt werden.

Ich weiß um alles, was ihr braucht, und helfe ihm ab, schon ehe ihr es selber merkt, wenn ihr Mir alles überlasst und es in Meine Hand gebt.

Du bist ohne alles in diese Welt gekommen, und du wirst sie ohne alles verlassen. Alles, was du hast, habe Ich dir gegeben, damit du es voll und ganz nutzest, während du dich auf dieser Erdenebene befindest. Warum dich nicht an allem freuen und dafür danken; versuche jedoch nicht, daran festzuhalten. Es wurde dir freizügig geschenkt; gib es freizügig an die Seelen rings um dich weiter. Teile alles, was du hast, und schaffe so Raum, damit mehr und mehr zu dir hingezogen wird. Wisse, dass ein jedes deiner Bedürfnisse auf wunderbare Weise gestillt wird, wenn du nach Meinen Gesetzen lebst.

Peter und Eileen Caddy, Joan Hartnell-Beavis, Robert Ogilvie Crombie (ROC) und Dorothy Maclean

Feingemacht zum Abendessen

Erstes Zusammentreffen der Söhne aus beiden Ehen: Christopher, David, Richard und Jonathan

Mit Dorothy Maclean vor ihrem ersten Wohnwagen

Mit Peter in der Universal Hall
beim Freitagabend-»Sharing«

Mit Schwester Torrie und Bruder Paddy bei ihrem 70. Geburtstag

Auf Vortragsreise in den USA

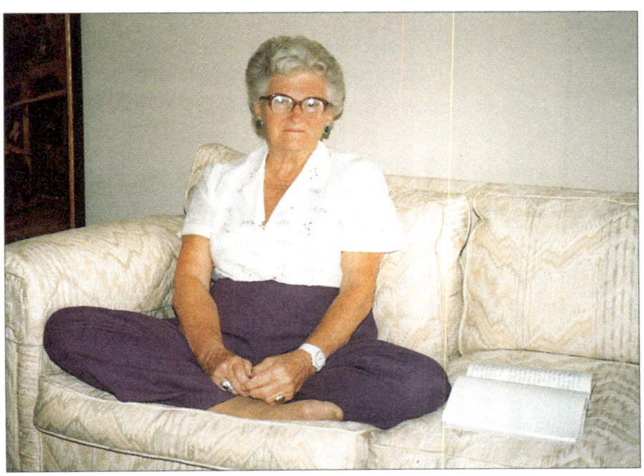

Meditation bei einem Besuch in Montreal

Mit David Earl Platts beim Signieren gemeinsam verfasster Bücher im Phoenix Buchladen im Wohnwagenpark

Geburtstagsfeier mit den Findhorn-Press-Verlegern Karin und Thierry Bogliolo und Mitautor David Earl Platts

Vor ihrem neuen Haus

Tee mit »Kristall«

Vogelbesuch zum Tee auf der Terrasse

Beim
Segnen des
Bauplatzes
für ein
neues Haus

Ruhepause
auf der vom
Greuthof Verlag
zu ihrem
80. Geburtstag
verehrten Bank

Zu Eileens 80. Geburtstag kamen alle acht Kinder zum ersten Mal zusammen

Bei einem Vortrag in Paris

Nach einem Workshop in Brüssel

Zeiten der Stille

Es gibt Millionen Seelen auf der Welt, die die Stille nicht aushalten können; sie müssen ständig Lärm und Betrieb um sich haben. Sie sind innerlich und äußerlich ruhelos. Ich sage dir, Zeiten des Friedens und der Stille sind sehr wertvoll in einer Welt des Aufruhrs. Suche sie, finde sie und verweile in ihnen.

Meditieren heißt, um die Kraft der Stille zu wissen. Auf mancherlei Art enthüllt die Natur die Kraft der Stille: Das Erblühen einer Blume geht lautlos vor sich, ebenso das Wunder des anbrechenden Tages und die Herrlichkeit des Sonnenaufgangs; Mond und Sterne ziehen still ihre Bahn. Über der ganzen Schöpfung waltet schweigend das ewige Gesetz. Sei still und wisse: Der Ich-Bin in dir ist Gott.

Die Zeit, die du im Frieden und in der Stille verbringst, ist nie vergeudet. Es ist für jede Seele nötig, Zeit zum Stillsein zu finden, Zeit, um darüber nachzudenken, was tief im Inneren liegt, über die Dinge, die im Leben wichtig sind, die dein Leben zu dem machen, was es ist, über die Wege des Geistes. Es spielt keine Rolle, wie voll dein Tag ist. Jene Zeiten der Stille sind wesentlich.

Erwartung

Wenn du das Allerbeste im Leben erwartest, ziehst du es an; fang also gleich jetzt damit an, das Allerbeste in allem und jedem zu erwarten, und schau zu, wie das Allerbeste daraus entsteht. Erwarte, dass ein jedes deiner Bedürfnisse gestillt wird. Erwarte die Antwort auf jedes Problem. Erwarte auf jeder Ebene. Erwarte, spirituell zu wachsen. Akzeptiere keine Begrenzungen in deinem Leben; wisse und akzeptiere einfach, dass all Meine guten und vollkommenen Gaben dein sind, indem du lernst, deine Werte neu zu überdenken und den wichtigsten Dingen den ersten Rang in deinem Leben einzuräumen. Erwarte, an Größe und Schönheit, an Weisheit und Verständnis zu wachsen. Erwarte, als Kanal benutzt zu werden, durch den Meine göttliche Liebe und Mein göttliches Licht fließen können. Akzeptiere, dass Ich dich für Meine Arbeit benutzen kann. Tu das alles in vollkommenem Glauben und Vertrauen, und sieh Meine Wunder und Herrlichkeiten geschehen, nicht nur ab und zu, sondern die ganze Zeit, sodass dein ganzes Leben in der Tat ein Lied der Freude und Dankbarkeit ist.

Meine Wege sind nicht die Wege der Menschen, deshalb erwarte das Unerwartete und wundere dich über nichts.

Warum nicht Optimist in diesem Leben sein, der immer das Beste erwartet, immer das Beste findet, immer das Beste schafft? Optimismus bringt Kraft; Pessimismus führt zu Schwachheit und Niederlage.

Beim Nambassafestival in Neuseeland mit einem Filmvortrag

An einem Seeufer in Nevada

Entspannung während einer Vortragsreise in Südafrika

Einstimmung

Beginne den Tag, indem du mit Mir in Einklang kommst, still bist und jenen inneren Frieden und jene Heiterkeit findest, die nichts zerstören kann. Ein empfindliches Musikinstrument muss gestimmt werden, bevor man darauf spielen kann. Wie viel mehr musst du jeden Tag gestimmt werden, bevor du zum Orchester des Lebens stößt und deinen Part darin spielst?

Um das Tempo für den Tag anzugeben, musst du lernen, dich in einen sehr ruhigen, empfänglichen und formbaren Zustand zu versetzen. In diesem Zustand wirst du die Tätigkeit deines Geistes auf den höchsten und wünschenswertesten Pfad lenken können. Geh in den neuen Tag, vorbereitet, dass das Allerbeste in allem, was du unternimmst, geschieht. Sieh, wie sich das vollkommene Muster für den Tag und für dich Schritt für Schritt entfaltet. Gestern liegt hinter dir, ein neuer und herrlicher Tag liegt vor dir, und du bist im Einklang mit allem Leben.

Wenn du mit dem Leben im Einklang bist, wirst du feststellen, dass du alles zur rechten Zeit tust. Alles, was du tun musst, um in Einklang zu kommen, ist, dir Zeit zu nehmen, in die Stille zu gehen, um deinen direkten Draht zu Mir zu finden. Deshalb sind die Zeiten des Friedens und der Stille so lebenswichtig für dich, viel wichtiger, als du meinst.

Mit Amanda Haworth auf Vortragsreise in Brasilien

Eileen als Gastrednerin auf der Internationalen Friedenskonferenz in Indien

Die »Universal Hall«

Eine ganz besondere Leistung waren der Entwurf und Bau der Universal Hall mit Hörsaal, Audio- und Tanzstudios, einer Dunkelkammer und einem Café. Der Bau nahm einige Jahre in Anspruch, und fast alles wurde von unbezahlten Freiwilligen gemacht, von denen die meisten kaum Bauerfahrung hatten.

Peter und Eileen arbeiteten 26 Jahre lang wie die zwei Hälften eines Ganzen und gaben sich ganz ihrer Familie und der Gemeinschaft hin. Doch dann kam die Zeit, dass beide sich auf mehr Unabhängigkeit und Ganzwerdung besinnen sollten. Schließlich trennten sie sich; Eileen blieb in der Gemeinschaft, Peter ging 1979 fort.

Der Wohnwagenpark, vorne die Universal Hall während des Baus

Die Universal Hall

Der Versammlungsraum
im Inneren

Wunder

Erwarte ein Wunder.
Erwarte, dass Wunder um Wunder geschehe, und setze keinerlei Grenzen. Je offener du bist, desto besser, dann steht nichts dem Fluss Meiner Gesetze im Wege, denn Wunder sind einfach das Wirken Meiner Gesetze. Überlass dich dem Strom dieser Gesetze, und alles ist möglich.

Suche und finde den direkten Draht zu Mir und halte an dieser Verbindung fest, was auch immer rings um dich geschehen mag. Diese Verbindung zu Mir, dem Göttlichen, ist die Quelle aller Macht, und es ist diese Macht, die Wunder hervorbringt. Was anderes sind Wunder als die Umsetzung Meiner göttlichen Gesetze? Arbeite mit diesen Gesetzen, und alles ist möglich. Dich mit der Einheit allen Lebens identifizieren, mit aller Weisheit und aller Macht, das ist es, was alle Türen öffnet und ermöglicht, dass die Gesetze in dir wirksam werden.

Ohne Bewusstheit versäumt ihr so viel, was direkt vor euch oder sogar in euch liegt. Viele Menschen gehen durchs Leben und sind blind für die Wunder ringsumher, blind für die Geheimnisse der Natur, und so gehen sie an den Wundern des Lebens vorbei.

Einfach tagein, tagaus auf dieselbe alte Art und Weise weitergehen bringt dich nirgendwohin, und du kannst nicht erwarten, dass du auf diese Weise spirituell wachsen wirst. Du musst vorwärts gehen wollen, und wenn du selbst die Entscheidung triffst, das zu tun, wirst du von allen Seiten Hilfe bekommen.
Den ersten Schritt musst immer du selbst tun. Vergeude also keine Zeit mit Zaudern, sondern tu den ersten Schritt und sieh, wie Wunder über Wunder in deinem Leben geschehen.

Leitung einer Gemeinschaftsversammlung mit Alex Walter und Mary Inglis

In einem Sketch mit Alexis Maxey beim Freitagabend-»Sharing«

Veränderung

Veränderung ist der Schlüssel, der dir alle Türen öffnet, Veränderung des Herzens und des Geistes. Wenn deine Sicherheit in Mir liegt, wirst du keine Angst vor Veränderungen haben, wie drastisch sie auch erscheinen mögen. Wisse einfach, dass jede Veränderung zum Allerbesten und zum Nutzen des Ganzen ist, ob es sich um persönliche Veränderungen, Veränderungen in deinem Land oder in der Welt handelt.

Alles hat seine richtige Zeit. Du magst versuchen, zu verhindern, dass Veränderungen geschehen, weil du dich da, wo du bist, beschützt und sicher fühlst und lieber in der Begrenzung dessen verbleiben möchtest, was du kennst, als ins Unbekannte hinauszutreten; aber in diesen Begrenzungen wirst du ersticken und sterben. Versuche die Notwendigkeit zu verstehen und zu akzeptieren, dich mit allem, was in dieser Zeit geschieht, zu verändern.

Jede Seele kann den direkten Kontakt zu Mir finden. Jede Seele kann mit Mir gehen und reden, wenn sie es will und als Tatsache annimmt. Du musst glauben, dass es möglich ist, und du musst es tun wollen; dann wirst du es ganz sicher tun. Es braucht nicht ein ganzes Leben zu dauern. Es braucht überhaupt keine Zeit in Anspruch zu nehmen. Du kannst das in einem einzigen Augenblick ändern, wenn du dich dazu entschließt.

Du kannst nichts in einen vollen Eimer füllen; du musst ihn zuerst leeren. Du kannst dich nicht direkt ins Neue hineinbegeben, solange du noch durch das Alte verstopft bist und dich weigerst, es loszulassen. Verändere dich also und verändere dich schnell, denn Ich brauche dich.

Eileen steigt bei einer Geburtstagsfeier der Gemeinschaft aus der Torte

Beim »Spiel der Wandlung«

Im Uhrzeigersinn:

Eileen mit dem Konferenzgast, Clown und Sozialaktivisten Patch Adams;

mit Willis Harman vom Institut für noetische Wissenschaften;

Bernhard Wosien, der »Sacred Dance« in die Gemeinschaft brachte

Jungbrunnen

Erhebe dein Bewusstsein und erkenne, dass du ewig bist: Du bist so jung wie die Zeit und so alt wie die Ewigkeit. Wenn du aus Meiner Fülle lebst, im immer gegenwärtigen Jetzt, bist du immer so jung wie die Gegenwart. Du wirst fortwährend wiedergeboren im Geiste und in der Wahrheit; du kannst nicht stehen bleiben in diesem spirituellen Leben. In einem Zustand dauernder Bereitschaft zu leben, hält dich immer rege und jung. Es gibt immer Neues und Spannendes zu lernen und zu tun. Wenn dein Geist träge und stumpf wird, verliert das Leben allen Glanz und Reiz. Halte deinen Geist wach, und du wirst nie altern. Der Brunnen der Jugend ist in deinem Bewusstsein, die Freude am Leben ist das Lebenselixier.

Wenn du deinen Geist jung, frisch und wach erhältst, gibt es nichts Derartiges wie Altwerden. Wenn du viele Interessen im Leben hast und das Leben voll und ganz genießt, wie kannst du dann je alt werden? Die Menschenwesen beschränken sich selbst, wenn sie meinen, mit siebzig Jahren habe das Leben sich erfüllt. Für viele Seelen mag es dann erst beginnen, wenn sie wach werden für die Wunder des Lebens und im Erwachen beginnen, sich daran zu freuen.

Mit Sir George Trevelyan, einem früheren Vorstandsmitglied und langjährigen Freund

Mit Dorothy Maclean in der Sonne vor dem Café

Mit François Duquesne, »Focaliser« (Koordinator) der Gemeinschaft nach Peters Weggang 1979

Wer bin ich?

Wer bin ich? Was tue ich? Wohin gehe ich? Viele Menschen stellen sich diese Fragen immer wieder. Mir jedenfalls geht es so.

Als ich die Frage »Wer bin ich?« einmal in der Meditation stellte, bekam ich gesagt, ich solle eine Affirmation verwenden. Damals mochte ich Affirmationen nicht, weil sie mir wie Gehirnwäsche vorkamen, also beachtete ich die Anweisung nicht. Doch jedesmal, wenn ich über diese Frage meditierte, bekam ich dieselbe Antwort.

Schließlich fragte ich, welche Affirmation ich verwenden solle, und bekam folgende gesagt: »Ich bin ein wunderschönes, christuserfülltes Wesen.« Ich war schockiert. Wie konnte ich herumlaufen und so etwas sagen. Ich würde mich nie getrauen. Die Leute würden glauben, ich sei übergeschnappt.

Doch der innere Drang war so stark, dass ich es schließlich doch ausprobieren wollte, wenn ich allein war und niemand mich hören konnte. Also murmelte ich anfangs halbherzig: »Ich bin ein wunderschönes, christuserfülltes Wesen«. Doch als ich die Affirmation über einige Zeit immer wieder verwendete, erkannte ich langsam, was geschah und was es heißt, eine Affirmation zu benutzen.

Am Anfang kamen nur Worte heraus, leere Worte, die mir nichts sagten. Als ich die Affirmation jedoch immer wieder verwendete, wurden die Worte gleichsam lebendig. Später merkte ich, dass ich selbst zu den Worten wurde. Und schließlich erkannte und akzeptierte ich, dass ich tatsächlich ein wunderschönes, christuserfülltes Wesen bin.

Wir sind in der Tat alle wunderschöne, christuserfüllte Wesen, nur ist es nötig, dass jeder das erkennt und annimmt. Heute kann ich das ohne Hemmungen so sagen, weil ich weiß, dass es stimmt. Diese Erfahrung hat mich auch gelehrt, dass richtig angewendete Affirmationen äußerst machtvolle Werkzeuge sind.

Ein andermal fragte ich mich in der Meditation: »Was tue ich gerade jetzt auf der Erde?« Die Antwort aus meinem Inneren war: »Gott und der Menschheit dienen.« Als ich über diese Antwort meditierte, wurde mir klar, dass Gott zu dienen heißt, Gottes Hand in allem zu sehen und jederzeit Gott die Ehre und den Ruhm dafür zu geben.

Ich meinte den ersten Teil zu verstehen, fragte mich aber, was mit »der Menschheit dienen« gemeint war. Innerlich wurde mir gesagt, das größte Geschenk, das ich anderen geben könne, sei, sie nach innen zu lenken, damit sie Gott in ihrem eigenen Inneren fänden und aus ihrer eigenen göttlichen Mitte lebten, sich bewegten und ihr Dasein hätten.

Genau das versuche ich jetzt ständig in meinen Vorträgen, Workshops, Büchern und Tonbändern zu tun: die Menschen anzuleiten, ihr Inneres tiefer zu erforschen, bis sie zum Kern ihres Wesens gelangen, zur eigenen Göttlichkeit im Inneren.

Mir scheint es wichtig zu sein, dass sich jeder Zeit nimmt, in die Stille zu gehen, um Antworten auf diese Fragen und andere Zweifel, Ängste und inneren Konflikte in und über sich zu finden. Ich bin mir sicher, dass die Antworten bei jedem verschieden sind. Das spielt keine Rolle. Eine Rolle spielt hingegen, das umzusetzen, was auch immer in der Stille empfangen wurde.

Grundstein

Im ganzen Leben hatte Eileen nur einmal ein eigenes Haus gehabt, mit ihrem ersten Mann Andrew in Surrey. Als sie 1953 von dort wegzog, sollte sie 37 Jahre lang kein eigenes Haus mehr haben. Doch dann

> *wurde mir von innen gesagt, ein kleines Haus solle für mich gebaut werden. Ich konnte mir nicht vorstellen, wie das geschehen sollte. Wo war das Geld, wo waren die Hände, um es zu bauen? Vertrauensvoll sollte ich mir dieses Haus ständig innerlich vor Augen halten und das Bild nie verblassen lassen. Als ich es meinem Sohn gegenüber erwähnte, der als Bauleiter in den Vereinigten Staaten lebt, meinte er, er sei bereit, mir zwei Monate Zeit zu schenken, nach Schottland zu kommen und das Haus für mich zu bauen. Welch großartiger Anfang! Dann bot mir ein Architekt die Pläne dazu als Geschenk an. Schritt für Schritt sah ich, wie sich der ganze Plan entfaltete. Was ist es doch für ein Hochgefühl, wenn ein inneres Bild äußerlich Form annimmt! Genauso ist die gesamte Findhorn-Gemeinschaft über viele Jahre entstanden.*

Eileens Haus »Grundstein« wurde von ihrem Sohn David mit Hilfe der Gemeinschaft nach Plänen des Londoner Architekten Ekkehard Weisner gebaut und 1990 eingeweiht.

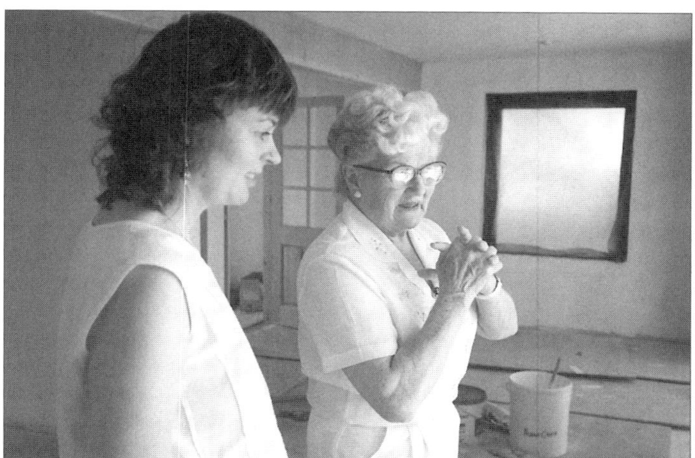

Hausführung in der Bauphase für einen Gast

Vorderansicht von Eileens Haus mit dem rosafarbenen Kirschbaum »Lady Mayo«, um den das Haus herumgebaut wurde

Hausseite zum Park-Gemeinschaftszentrum hin

Fülle

Ich bin die Quelle aller Dinge. Ich bin die Quelle all dessen, was du brauchst. Denke Fülle; denke Wohlstand. Denke auch nicht eine Sekunde lang Mangel oder Armut. Wenn du Beschränkung denkst, schaffst du Beschränkung; du ziehst sie an. Ehe du dich's versiehst, wirst du merken, dass du den freien Fluss Meiner unerschöpflichen Gaben eingedämmt hast. Das nächste Mal, wenn du feststellst, dass es dir an irgendetwas mangelt, mache nicht die Umstände, deinen äußerlichen Zustand oder deine Situation dafür verantwortlich, sondern nimm dir Zeit, nach innen zu gehen und zu sehen, was in dir die Stockung verursacht. Ist es Angst vor Mangel, Angst, etwas zu entbehren? Angst kann schneller als irgendetwas anderes Blockierungen bewirken. Wirf all deine Ängste und Sorgen auf Mich und lass Mich dich erhalten. Lass Mich dich mit Kraft und Stärke, mit Vertrauen und Glauben erfüllen. Wenn deine spirituellen Werte einmal stimmen, wirst du sehen, dass dein übriges Leben sich in wahrer Vollkommenheit zusammenfügt.

Warum nicht gerade jetzt damit beginnen, Gedanken der Fülle zu denken? Erkenne, dass keine Tugend darin liegt, arm zu sein.

Haltet euch die Vision Meiner grenzenlosen Liebe immer vor Augen, Meines grenzenlosen Überflusses, Meiner Wunder und Herrlichkeiten, die sich entfalten. Haltet fest die Vision des neuen Himmels und der neuen Erde, Meines Willens, der sich erfüllt, des Friedens und der Harmonie auf Erden und des guten Willens für alle Menschen. Haltet fest die Vision gewaltiger Städte des Lichts, die überall auf der Welt emporsprießen, wo Frieden und Liebe über alles herrschen.

Eileen hält bei der Segnung ihres neuen Hauses das Fotoalbum hoch, in dem alle Stadien der Bautätigkeit festgehalten sind

Das spirituelle Leben

Mach dir nichts daraus, wenn deine ersten Schritte in dieses spirituelle Leben unbedeutend sind. Am Anfang sind alle guten Dinge klein. Die mächtige Eiche beginnt als winzige Eichel. Aus winzigen Samen entstehen die wunderbarsten Pflanzen und Blumen. Durch einen winzigen Samen der Liebe können viele Leben verändert werden.

Im spirituellen Leben gibt es keine Massenware. Jede Seele hat einen ganz besonderen Platz. Jede Seele hat ihre spezielle Bestimmung. Einige brauchen Hilfe, sie zu erkennen; andere schleppen sich dahin und finden sie zuletzt. Es gibt kein Muster, dem man folgen muss. Ein jeder ist ein Individuum und soll als Individuum behandelt werden.

Ein spirituelles Leben leben heißt nicht, dass du all jene weltlichen Dinge entbehrst, die für dich nötig sind und das Leben einfacher machen. Es bedeutet einfach, dass du jedes einzelne Ding, das du brauchst, zum Nutzen des Ganzen und zu Meiner Ehre und Meinem Ruhm verwenden kannst. Wenn du etwas nicht mehr brauchst, was immer es auch sei, so gibst du es Mir mit Liebe und Dankbarkeit zurück, weil du erkennst, dass alles, was du hast, Mein ist.

Alles und jedes ist empfänglich für Liebe, denn Liebe bringt von allem das Beste ans Licht, und wo Liebe ist, da ist Mein Geist; und wo Mein Geist ist, da ist die Quelle eures geistigen Lebens. Sucht immer nach dem, was tief in euch ist, und verschwendet keine Zeit mehr damit, die Antwort aufs Leben im Äußeren zu suchen.

Beim Probeliegen auf dem Bett im neuen Haus

»Kristall« ebenfalls beim Probeliegen

Die beste Freundin

Viele Jahre lang war Joan Hartnell-Beavis Eileens beste Freundin. Sie kam 1968 zur Gemeinschaft und zog in einen Bungalow gegenüber dem Gemeinschaftszentrum. Sie legte Wert auf ihre Privatsphäre, aber wollte versuchen, ein Jahr lang mit der Gemeinschaft zu leben; schließlich blieb sie bis zu ihrem Tod 1996. Joanie arbeitete als Schatzmeisterin der Gemeinschaft, empfing wichtige Persönlichkeiten zum Tee, half in der Küche mit, fuhr Eileen überallhin, wo es etwas zu besorgen gab, und tat gewissenhaft, was immer gerade anstand. Später, als die Gemeinschaft auf eigenen Füßen stand, fuhren Eileen und Joanie ab und zu zusammen ins Ausland in die Ferien, meist an einen warmen, sonnigen Ort.

Als Joanie gebrechlich wurde, kümmerte Eileen sich um sie. Als Joanie ins Krankenhaus musste, lag sie mit acht anderen Patienten in einem Zimmer. Eileen merkte, dass Joanie sehr unglücklich war, und beschloss mit der Unterstützung der ganzen Gemeinschaft, sie nach Hause zu holen. Joanie lag im Sterben, doch Eileen spürte, dass sie dazu nach Hause in ihre eigene Umgebung sollte. Es fand sich ein Verantwortlicher für die häusliche Pflege, und weitere zwei Dutzend Helfer meldeten sich freiwillig. Zum ersten Mal wurde ein todkrankes Mitglied ihrer Gemeinschaft zu Hause gepflegt – für alle eine wertvolle Erfahrung.

Sicherheit

Wo findest du deine Sicherheit? Ist sie in Menschen begründet? In deinem Bankkonto? Oder ist sie fest in Mir gegründet und verwurzelt, dem Herrn, deinem Gott, dem göttlichen Wesen in dir?

Bau deine Sicherheit auf Mich, auf nichts anderes. Dann kannst du alleine stehen und alles tun, denn alle äußeren Stützen sind weggefallen, und du merkst, dass du im Lichte gehen kannst, ohne dich an Informationen und Anweisungen zu klammern, an Wahrheiten aus zweiter Hand. Denn alles kommt aus der Tiefe deiner Selbst, aus der Quelle aller Dinge, aus Mir.

Ihr könnt nicht sehen, was die Zukunft für euch bereithält. Das schadet überhaupt nicht. Alles, was dabei herauskäme, wenn ihr in die Zukunft sehen könntet, wäre, dass es euch ein Gefühl der Sicherheit gäbe. Aber eure Sicherheit liegt bei Mir, und das einzig Wichtige ist, dass ihr Meinen Willen tut.

Sei wie ein Anker, stark und fest, sodass kein äußerer Sturm dich berühren oder von deinem rechten Platz abbringen kann. Halte stand und wisse, dass alles sehr, sehr gut ist und dass alles sich Meinem vollkommenen Plan gemäß entwickelt. Lass dein Herz nicht verwirrt sein, sondern setze dein ganzes Vertrauen, deinen ganzen Glauben und deine Sicherheit in Mich.

Eileen auf dem Weg zu Joanies Bungalow

Dienen

Wenn ihr aufhört, an euch selbst zu denken, und anfangt, an die Menschen in eurer Umgebung zu denken und daran, wie ihr euren Mitmenschen helfen und dienen könnt, finden große Veränderungen in eurem Leben statt.

Achtet darauf, dass alles, was ihr tut, Mir gewidmet ist und dem Ganzen dient. Wenn ihr für das Ganze lebt, geht euer kleines Ich im Dienste an eurem Mitmenschen auf; und wenn ihr eurem Mitmenschen dient, dient ihr Mir.

Dienst ist ein wunderbarer Heiler, denn indem ihr euch im Dienen vergesst, werdet ihr feststellen, dass ihr auf die wunderbarste Weise wachst und euch ausdehnt. Ihr werdet große Höhen erreichen und große Tiefen erforschen, und eure Liebe zum Leben und euer Verständnis des Lebens werden langsam Bedeutung für euch annehmen.

Wann immer du ein Gefühl des Unmutes und der Unzufriedenheit verspürst, kannst du sicher sein, dass der Grund darin liegt, dass du aufgehört hast, an andere zu denken, und zu stark mit dir selbst beschäftigt bist. Um das zu verändern, brauchst du nur an jemand anderen zu denken und etwas für sie oder ihn zu tun, sodass du das Selbst völlig vergisst. Es gibt so viele Seelen, die Not leiden, dass es immer etwas gibt, das du für jemand anderen tun kannst.

Eileen und Joanie fahren abwechselnd vor Drumduan bei David auf dem Motorrad mit

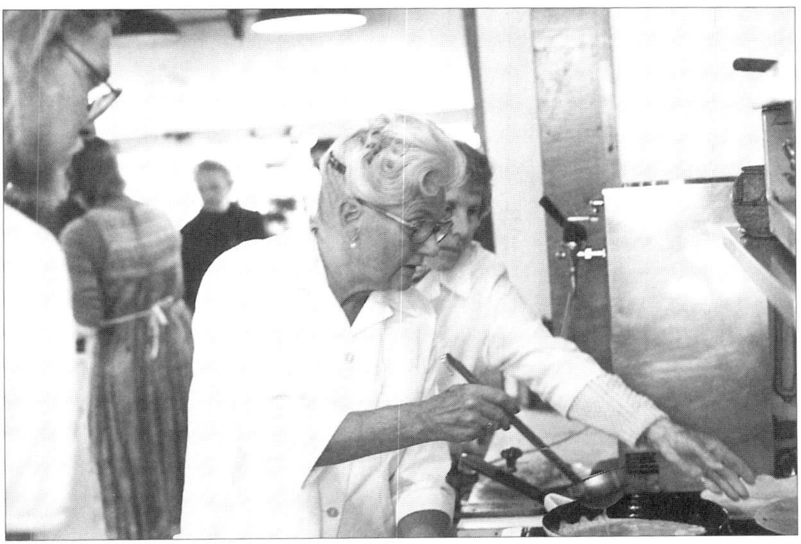

Beim Omelettbraten in der Gemeinschaftsküche; Joanie reicht sie durch die Luke an eine Schlange hungriger Leute

Feste in der Gemeinschaft

Diese Gemeinschaft gehört Gott. Ihre spirituellen Wurzeln sind tief, und nichts kann sie erschüttern. In der Meditation hörte ich: »Die Blätter wechseln mit den Jahreszeiten, Äste brechen vielleicht im Wind der Veränderung oder in Stürmen der Verwirrung ab, doch der Stamm ist solide und fest, die Wurzeln sind fest verankert, sodass nichts sie ausreißen kann. Sie sind für immer da.« Das liegt daran, dass diese Gemeinschaft in Gott verwurzelt und gegründet ist, sonst wäre sie schon lange auseinander gefallen.

Eileen wird anläßlich der Feier zum 25. Geburtstag der Gemeinschaft mit Blumen geehrt

Beim Kuchen-
schneiden zum
30. Geburtstag der
Gemeinschaft am
17. November 1992
mit Dorothy, Peter,
François Duquesne
und anderen

Von Freunden
umgeben bei der
gleichen Feier

Frieden

Du trägst alles in dir. Du trägst in dir den Frieden, der alles Verstehen übersteigt, und spiegelst diesen Frieden in deinem äußeren Leben wider; oder in dir ist Tumult, und dann ist es das, was du nach außen spiegelst. Du kannst nicht verbergen, was im Innern vorgeht, denn früher oder später wird es sich im Äußeren widerspiegeln. Alles, was du bist, alles, was du tust, alles, was du sagst, stammt von innen. Komme innerlich in Ordnung, und es wird im Äußeren Ordnung sein, und du wirst alles, was zu tun ist, mit einem Gefühl tiefen Friedens und tiefer Ruhe tun können.

Sucht den Einklang mit Mir im Frieden und in der Stille. Wie könnt ihr erwarten, Meine stille, leise Stimme zu hören, wenn ihr innerlich in Aufruhr seid und zu beschäftigt, um stille zu sein und zu lauschen? Wenn ihr lernt, still zu sein, werdet ihr das können, ganz gleich, was ihr tut, ganz gleich, wo ihr seid. Ihr werdet euch in euren Mantel des Friedens und der Stille hüllen und jenes Zentrum inneren Friedens finden können, das nichts und niemand stören kann.

Der Friede hat seinen Ursprung im Innern. Er liegt in jeder Seele wie ein winziger Same, der darauf wartet, zu keimen und zu wachsen und zu gedeihen.

Nur wenn ihr überzeugt seid, dass ihr am rechten Platz zur rechten Zeit die Arbeit tut, die Ich für euch zu tun gewählt habe, werdet ihr den vollen Frieden finden im Herzen und Gemüt. Tut, was Ich sage, und findet diesen Frieden.

Was für ein Geburtstagskuchen!

Aus dem Familienalbum

Als Mutter, Großmutter und Urgroßmutter war Eileen stets dankbar für den Segen ihrer Familie. Mit der Zeit und viel Geduld söhnte sie sich mit Andrew und den Kindern aus ihrer ersten Ehe aus. Aus Schottland, England, Kanada und Neuseeland kamen alle acht Kinder zu ihrem 80. Geburtstag 1997 zum ersten Mal zusammen.

Eileens erste Familie, Weihnachten 1963

Universale Liebe

Halte dir die Vision der Vollkommenheit, der Harmonie und der Schönheit allezeit vor Augen und sieh sie in allem und jedem. Lass die Liebe in dir wie Wasser überlaufen und gleichermaßen zu allen fließen. Lass keine Unterscheidung in dir sein, denn alle sind aus Mir; alle sind eine Familie. Universale Liebe beginnt in jedem Einzelnen und breitet sich dann aus. Wenn jeder Einzelne das erkennt und zulässt, dass die Liebe frei fließt, werden große Veränderungen in der Welt stattfinden, denn die Liebe ist es, die allen Hass, alle Eifersucht, allen Neid, alle Kritik und Gier verwandelt. Dies sind die Eigenschaften, die Krieg, Zerstörung und Tod verursachen. Die Liebe schafft Leben – ewig währendes Leben, Leben in der Fülle. Die Liebe bringt Frieden, Freude und wahres, andauerndes Glück und Zufriedenheit mit sich. Vor allem bringt sie Einheit und Einssein. Wenn du dich also auf Abwege begeben und die Richtung verloren hast, so kehre zum Pfad der Liebe zurück, der direkt zu Mir führt, und da wirst du Mich tief in deinem Inneren finden, wie Ich auf dich warte.

Leben ohne Liebe ist wie eine Wüste: ohne Wasser, ausgedörrt, trocken, unfähig, etwas Lebendiges hervorzubringen. Darum haltet eure Herzen offen und die Liebe am Fließen, was auch um euch herum geschieht. Lebt ein kraftvolles, lebendiges Leben, das wieder Leben hervorbringt, reicheres Leben!

Unendliche Liebe kann nicht in menschliches Gefühl gepresst werden. Öffnet eure Herzen weit und liebt alle Menschheit, liebt alle Schöpfung.

Mit ihrem Enkel Andrew bei einem Familienbesuch in Portugal

Mit den Enkeln Clive und Gavin in Neuseeland

Vertrauen

Das Universum liegt in Meiner Hand, und niemand kann ihm Schaden zufügen. Geh in vollkommenem Glauben und Vertrauen dahin und lass Meine Wunder und Herrlichkeiten sich entfalten. Fürchte nichts, sondern sei stark und guten Mutes. Wenn du im vollkommenen inneren Frieden bist, wirst du dem äußeren Druck und der äußeren Anspannung standhalten können. Lass deshalb Meinen Frieden und Meine Liebe dich erfüllen und umfangen, und sei in vollkommenem Frieden, indem du Meinen Willen tust.

Du musst Vertrauen in dein Schwimmvermögen haben, bevor du voll Vertrauen ins tiefe Wasser springst, sonst gehst du unter. Du musst Vertrauen in die Fähigkeit haben, im Vertrauen zu leben, bevor du so leben kannst. Vertrauen bringt Vertrauen hervor. Wie kannst du sagen, ob du Mir vertrauen kannst, wenn du es nicht versuchst und siehst, ob es so ist?

Wenn ein kleines Kind anfängt zu gehen, macht es erst einige zögernde Schritte, bis es Vertrauen gewinnt. Dann aber werden seine Schritte fester und sicherer, bis es schließlich, ohne zu stolpern, gehen kann. Dann lernt es zu laufen und zu springen, aber jede Stufe braucht ihre Zeit. So ist es auch mit dem Glauben: Er muss allmählich aufgebaut werden, er ist nicht auf einmal einfach da.

Jetzt ist es an der Zeit, im Glauben zu leben, nicht morgen oder eines Tages, wenn du dich stärker fühlen und mehr Vertrauen haben wirst. Setze das gleich jetzt in die Tat um und sieh, wie wunderbar es gelingt.

Mit ihrem ältesten Sohn Richard und zwei seiner Kinder, Patricia und Steven

Mit ihrem Enkel Jason

Wir sind eins

Du bist der Punkt des Lichts in Meinem Geiste. Du bist der Punkt der Liebe in Meinem Herzen. Wenn du das annehmen kannst, wenn du dich als Mikrokosmos des Makrokosmos sehen kannst, wirst du dich nie wieder herabsetzen oder schlecht über dich denken. Du wirst erkennen, dass du in der Tat nach Meinem Bild, Mir nachgebildet bist, dass wir eins sind und dass nichts und niemand uns trennen kann. Wenn du irgendein Getrenntsein von Mir fühlst, dann hast du dieses selbst geschaffen, denn Ich trenne Mich nie von dir. Du bist individuell, was Ich universell bin. Ist es dann verwunderlich, wenn du wiedergeboren werden musst, um das Wunder dieser Wahrheit anzunehmen? So viele Seelen haben sich so weit von mir entfernt, sie haben sich so sehr von Mir abgesondert und Mich so hoch in den Himmel hinaufgesetzt, dass Ich ihnen unnahbar geworden bin. Ich bin in dir, mitten in der Tiefe deines Herzens verborgen, und warte darauf, erkannt und ans Licht geholt zu werden.

Ich möchte, dass du mein Einssein mit dir spürst und empfindest, wie du es nie zuvor getan hast. Bestätige dir immer wieder, dass wir eins sind, bis es zu einem Teil von dir wird. Ich bin vollkommen, und da wir eins sind, bist auch du vollkommen. Zweifle nicht daran. Ich bin Liebe. Wir sind eins, darum bist auch du Liebe. Ich bin Wahrheit. Darum bist auch du Wahrheit. Ich bin Kraft. Du bist Kraft. Lass deine Seele tief eintauchen in diese Wahrheit. So sind wir eins. Sage es dir immer und immer wieder, wiederhole es, bis du es mit deinem ganzen Herzen weißt, bis nichts dich mehr zweifeln lässt. Dieses tiefe Wissen, dass du nicht länger getrennt bist von Mir, sondern Teil bist von Mir, wird dich befähigen, alles zu tun.

Jonathan zeigt Eileen, wie man den neuen Fotoapparat benutzt

Die »Caddy-Jungs« David, Jonathan und Christopher

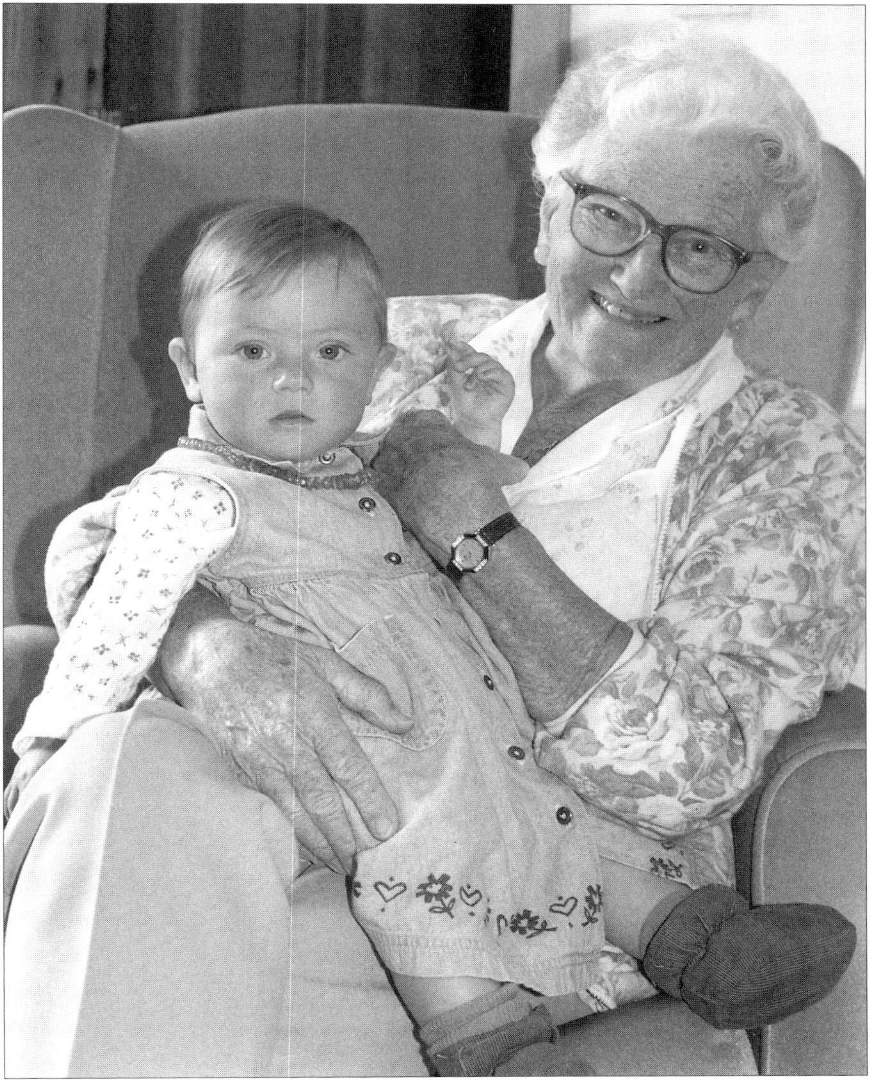

Mit ihrem 19. Enkelkind Caitlin im Arm

Zu Eileens 80. Geburtstag kamen auch ihre Tochter Mary Elizabeth und deren zwei Söhne aus Neuseeland

Der versammelte »Caddy-Clan« zu Eileens 80. Geburtstag

Die Herausforderung der Veränderung

Wenn ich die Veränderungen in meinem Leben, die zahlreichen wertvollen Lektionen und die Erweiterung meines Horizonts überdenke, wird mir klar, dass aus allem, was mir widerfuhr, Gutes entstanden ist. Nur habe ich es nicht immer erkannt.

Mein Vater starb, als ich 16 Jahre alt war, und meine Mutter nur zwei Jahre danach. Was konnte wohl aus dem Tod der geliebten Eltern Gutes entstehen? Aber es entstand: Wir hatten gerade Urlaub mit der Familie gemacht, und ich hatte mich von meinem Vater vor der Rückkehr ins Internat verabschiedet. Er war bei bester Gesundheit und äußerst lebendig. Ich werde ihn immer so vor mir sehen und konnte ihn mir nie tot vorstellen. Ich habe ständig das Gefühl, dass wir einander wiedersehen und demnächst wieder einmal wunderbare Ferien miteinander verbringen werden.

Als meine Mutter starb, war es anders, weil ich sie damals pflegte. Nachdem sie gegangen war, sah ich sie an und erblickte nur noch eine leere Hülle. Ich spürte tief innen, dass sie ihren alten Umhang, den Körper, abgelegt und ins Licht gegangen war, voller Freude, wieder mit meinem Vater zusammen zu sein. Wie dankbar bin ich für diese tiefe innere Erfahrung! Sie war mir ein großes Geschenk, denn seither ist der Tod für mich nicht mehr als ein Weitergehen in den endlosen, ewigen Bereich des reinen Geistes – eine Rückkehr zum Ursprung aller Schöpfung.

Eine weitere große Veränderung brachten meine Ehe, als ich 21 war, und die Geburt meiner fünf Kinder mit sich. Mein Mann war in der Royal Air Force, also zogen wir alle drei Jahre um. Das bedeutete immer wieder Veränderung, ein ständiger Umbruch, Anpassung an neue Länder, Umstände und Menschen. Welches Geschenk, welche Lehre konnte ich aus all dem ziehen? Flexibel zu bleiben und zu wissen, dass sich alles schon im nächsten Augenblick ändern kann.

Nach 14 Ehejahren kam die Scheidung von meinem ersten Mann, ich heiratete wieder und hatte weitere drei Kinder. Als alle groß waren und studierten, musste ich mich nach vielen Jahren zum ersten Mal nicht mehr um Kinder kümmern. Als mein zweiter Mann fortging, schien mich niemand mehr zu brauchen, und ich fühlte mich sehr allein. Ich war über 40 Jahre lang Mutter und Ehefrau gewesen; der Gedanke, diese Rolle aufzugeben, war erschreckend. Ich war so sicher wie eine Raupe in ihrer Hülle gewesen. Aber ich steckte in einer Gewohnheit fest und wäre wohl darin stecken geblieben, wenn sich nicht etwas in mir geregt hätte.

Das große Geschenk dieser Veränderung war mehr Unabhängigkeit. Als ich die alten Muster ablegte, begann ich, Dinge zu tun, deren ich mich nie fähig gewähnt hatte: Ich hielt Vorträge vor vielen Menschen, gab Workshops und reiste allein in der ganzen Welt herum.

Ich war jetzt auf mich selbst gestellt und musste auf eigenen Füßen stehen, statt wie bisher in Peters Schatten zu sein. Ich hatte meine alte Identität verloren und musste nun mein wahres Selbst finden. Es war eine ungeheure Anstrengung. Ohne Gebet und Meditation hätte ich es nicht geschafft – sie waren meine Rettung. Noch immer spüre ich, dass ich wachse und mich der inneren Ganzheit nähere. Mir selbst bin ich nicht genug, Gott aber bin ich genug.

Ich habe erkannt, dass ich nicht mehr in meinen Kokon zurückkann. Ich musste weitergehen, wachsen, mich ausdehnen und verändern. Gerade das macht es so spannend und so erfüllend, weil es gleich um die Ecke wieder etwas Neues gibt. Es gibt immer noch eine weitere Sprosse auf der Leiter, die man erklimmen kann. Also mache ich mir keine Gedanken mehr um morgen, im Wissen, dass nur heute eine Rolle spielt und nur das, was ich gerade jetzt tue.

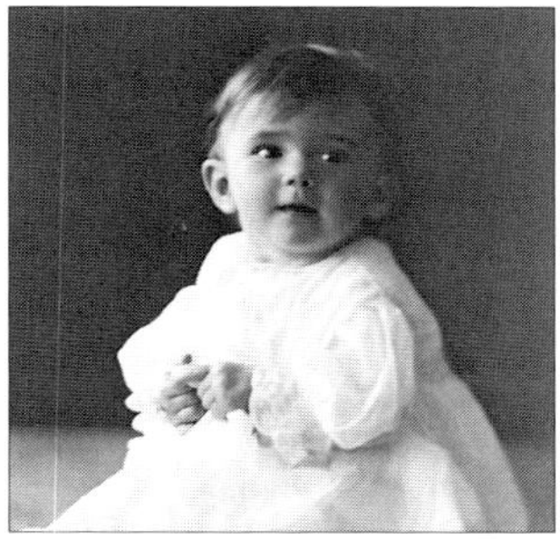

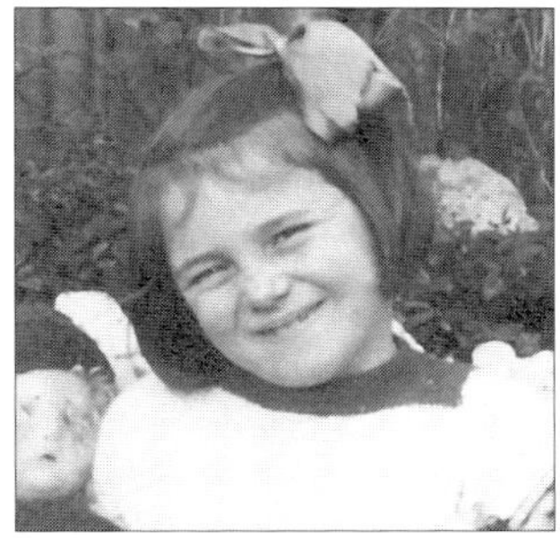

Eileen Caddy hat das Leben von Tausenden von Menschen rund um die Welt beeinflusst. Dieses Buch ist eine Ehrung für eine ganz normale Heilige und ihren Dienst an Gott und der Menschheit.

WEITERE LITERATUR AUS DEM GREUTHOF VERLAG

Eileen Caddy

HERZENSTÜREN ÖFFNEN

»Lass das Gestern zurück und widme dich ganz dem neuen Tag, der, wie du weißt, nur das Beste für dich bereithält, und erwarte auch nur das Beste von ihm. Sieh meine Hand in allem, was geschieht, und erkenne die Geburt eines neuen Himmels und einer neuen Erde.«

Dieser Jahrweiser enthält eine neue inspirierende Sammlung der Weisungen, die Eileen Caddy empfangen hat. Was sie innerlich erfuhr, wurde in ihrem Leben sichtbar, wurde lebendig, um in ihr und durch sie Gestalt anzunehmen. Für viele ist Eileen eine Freundin und Ratgeberin, die ihnen auf dem geistigen Weg zur Seite steht. Wer sich täglich mit diesen einfachen Lehren voller spiritueller Wahrheit und visionärer Kraft befasst, dem können sie dabei helfen, sich geistig zu erneuern und Kraft zu gewinnen.

406 Seiten, 21. Auflage

Eileen Caddy

FLUG IN DIE INNERE FREIHEIT

Die Autobiographie der Mitbegründerin der Findhorn-Gemeinschaft

Dies ist eine außergewöhnliche Geschichte, erzählt von einer ganz gewöhnlichen Frau.

Eileen Caddy wurde weltweit als Mitbegründerin der Findhorn-Foundation im Norden von Schottland bekannt. Durch die spirituelle Tiefe und Weisheit ihrer Bücher fühlte sich eine Generation von Menschen zur Findhorn-Gemeinschaft hingezogen.

Ihre Fähigkeit zur Offenbarung stellte hohe Anforderungen an Eileens Leben, doch immer wieder entdeckte sie, dass die inneren Weisungen ihr einen lichtvollen Weg zeigten durch alle Höhen und Tiefen des Lebens hindurch und ihr halfen, die Schwierigkeiten und Mühen durchzustehen und daran zu wachsen.

Die Befreiung durch ihr Vertrauen, ihre feste Überzeugung und ihren unerschütterlichen Glauben, dass Gott in unserem Inneren ist, wurde Eileens Flug in die innere Freiheit, hinein in die offene Weite ihrer erfüllten Beziehung zu Gott.

312 Seiten, 3. Auflage

Eileen Caddy

SPUREN AUF DEM WEG ZUM LICHT

»Ich schaute einen Pfad mit Fußspuren und hörte die Worte: ›Folge mir nach‹.« Eileen Caddy lauschte viele Jahre hindurch auf die Stimme Gottes in ihrem Inneren, die sie führte, belehrte und in schwierigen Zeiten ermutigte. Die Botschaften, die sie täglich erhielt, offenbarten ihr den göttlichen Plan für ihr Leben.

Das Buch enthält eine Auswahl der inspirierenden Weisungen und bietet dem Leser eine Art zu leben an, die bedeutungs- und sinnvoller sein kann als sein bisheriges Leben: voller Friede und unzerstörbarer Freude. Die Botschaften sind eine Art Spiegel, in dem wir uns selbst erkennen. Liest man die Weisungen als Einstimmung zur Meditation, helfen sie dem Suchenden, seinen eigenen Weg zu finden, Gott im Inneren zu erkennen.

Mit anderen Worten: Die Botschaften können wahrhaft *Spuren auf dem Weg zum Licht* sein, die uns zum Zweck und Ziel unseres Lebens führen.
183 Seiten, 9. Auflage

ENGELKARTEN

Die Engel-Meditationskarten wurden von Joy Drake und Kathy Tyler in Findhorn entwickelt – zur Erforschung und Transformation des Bewusstseins. Sie enthalten 52 Schlüsselworte, die uns helfen, uns auf bestimmte Aspekte unseres inneren Lebens zu konzentrieren. Ob durch Meditation oder das Ziehen einer Karte, jeder Engel repräsentiert eine reine Qualität.

Engel geben uns die Möglichkeit, einer reinen Schwingung zu begegnen, die freudig und weise mit dem Lichte Gottes arbeitet. Jedes Engel-Set enthält eine Anleitung, wie die Karten in der Meditation und zur Stärkung und Verinnerlichung im täglichen Leben benutzt werden können.

DAS SPIEL DER WANDLUNG

Dieses Spiel erlaubt uns, auf anregende und fröhliche Weise mehr über uns und andere zu erfahren. Es spiegelt die Lebenssituation der Spieler treffend wider, lässt Selbsterkenntnis und Wachstum zum spannenden Krimi werden und macht riesigen Spaß.

Weil das Spiel der Wandlung jedes Problem mitten ins Herz trifft, wird es uns immer wieder helfen, wichtige persönliche Fragen zu klären und unmittelbare Führung für unseren nächsten Schritt zu erlangen.

Wir können neue Wege finden, mehr Reichtum in unsere Beziehungen zu bringen, unseren persönlichen Beitrag zu erkennen und unsere Fähigkeiten zu entwickeln. Jedes Spiel enthält einen kompletten Satz von 52 Engelkarten, die auch alleine benutzt werden können, als Anreiz zu individueller Kreativität und um unsere Fähigkeit zu erfüllenden Beziehungen zu fördern.

Von Joy Drake und Kathy Tyler in Findhorn entwickeltes Brettspiel,
5. Auflage, Spielbox 265 x 265 x 64 mm